Compte

de Bénéfice

d'Inventaire

de

Mr H. E. Vanderberghe.

Compte de la Situation actuelle de la Succession bénéficiaire De Mr. Ignace Joseph Vanlerberghe, ex-munitionnaire général, présenté par Mr. Aimé Eugène Vanlerberghe, son fils, seul héritier sous bénéfice D'Inventaire seulement, suivant sa déclaration faite au greffe du Tribunal de première instance de la Seine, le Sept Septembre 1822 et par suite de la renonciation à la dite Succession faite au greffe du dit Tribunal le 29 Juillet et 21 Août 1822 par les Dames Comtesse de Villoutreys, Paulée et Vicomtesse Cornudet, toutes trois Sœurs Dudit héritier bénéficiaire.

Observations préliminaires.

Mr. Vanlerberghe, Ignace Joseph, est Décédé le 3 Octobre 1819.

Son fils a cru devoir, dans l'intérêt Des Créanciers De son père, accepter sa Succession sous bénéfice d'inventaire.

Il vient rendre le compte de la Situation actuelle De cette Succession bénéficiaire, et pour procéder avec ordre et clarté, il s'occupera Successivement De chacune Des affaires qui se rattachent à cette immense liquidation, en faisant connaître les faits, circonstances et résultats y relatifs.

Cotes N.° 1, 2, 152 à 206 de l'inventaire (Marine)

Le sieur Ignace-Joseph Vanderberghe ex-munitionnaire
général, est décédé le 3 Octobre 1819, au soir, avait reçu le 25 7bre
précédent, du Ministre de la Marine, une Décision, portant rejet,
par fin de non-recevoir, de toutes ses créances sur ce Département—)
s'élevant à ————————————— 7,409,102. 17 en capital
et à ————————————————— 5,861,497. 44 en intérêts.

Ensemble fr — 13,270,599. 61

Le 4 Octobre 1819, lendemain du décès, les Scellés furent apposés
au Domicile du défunt par M.° le Juge de paix du 1.er Arrondissement.
Le 9 Novembre suivant commença l'inventaire par le ministère
de M.° Chevrier, notaire, en présence de M.M. les Commissaires de l'union
des créanciers et de quelques créanciers opposants, représentés par
l'avoué le plus ancien et en présence d'autres officiers ministériels repré-
-sentant les Diverses parties intéressées.
Cet inventaire n'a été clos que le 10 Novembre 1821.
Mais le S.r Vanlerberghe fils, Directeur autorisé, sur requête
des parties, par Ordonnance de M.° le Président du Tribunal, du
11 Novembre 1819, comme habile à se porter héritier ou mandataire
judiciaire sans attribution de qualité, s'est hâté de prévenir la déchéance
dont aurait été frappée toute réclamation contre la Décision ci-dessus
énoncée du ministre de la marine, du 25 Septembre, si le pourvoi
contre cette décision n'eut été fait au Conseil d'État, avant l'expi-
-ration des 3 mois de sa date.
C'était l'objet le plus urgent, puisqu'il ne restait plus
que peu de temps pour se mettre en mesure de faire le pourvoi.
C'était un des plus importants eu égard à la Somme
de cette créance.
Aussi, dès les premières opérations de l'inventaire qui
eurent pour but la classification et le triage des papiers les
plus utiles, M.° Vanlerberghe fils donnait-il une attention parti-
-culière à cet article.
Informé que M.r Delacroix Frainville, avocat,
avait assisté son père de ses conseils et rédigé des mémoires sur cette affaire,
et même défendu la légitimité de cette créance devant une Commission
présidée

présidée par M. le B[ar]on Mourrier qui avait comme Du [Souef] — [...] le prononcé de la fin de non-recevoir énoncée seulement du Ministre ([...] l'État), Me Vanlerberghe fils, eut, avec raison, ne pouvoir mieux faire que de recourir aux conseils et aux lumières de Me Delacroix-Frainville.

Le pourvoi au Conseil d'État fut concerté avec cet habile jurisconsulte, et M. Scribe, avocat aux Conseils du Roi, fut chargé de l'effectuer.

Il fut fait en temps utile.

M. Ouvrard s'adjoignit à la requête portée par M. Vanlerberghe fils, comme habile à le dire héritier et comme mandataire judiciaire.

M.M. Marteau et Aug[te] Sevene, comme Commissaires des créanciers unis de l'ancienne Société Vanlerberghe et Ouvrard, intervinrent aussi dans ce pourvoi.

Le 30 Floréal An 11, M. Vanlerberghe père avait fait avec le Ministre de la marine, un Traité pour la fourniture des vivres.

Ce traité expira le 23 Septembre 1807.

Le Service effectué s'éleva à environ 113 millions. Et chacun sait avec quelle ponctualité et quelle loyauté M. Vanlerberghe père exécuta ce service.

Des intérêts étaient stipulés à raison de 6 p% l'an en faveur du munitionnaire pour les paiements qui lui seraient faits en retard des époques déterminées.

En cas de contestation entre le munitionnaire et le ministre, une Commission présidée par un Conseiller d'État, devait juger en premier ressort les prétentions respectives, sauf appel au Conseil d'État.

Cette Commission présidée par M. le Comte Andréossi, s'est trouvée saisie jusqu'à l'époque de la Restauration, en 1814, des contestations entre le munitionnaire et le ministre, sans avoir prononcé.

Voici en substance l'état des choses qui avaient donné lieu aux réclamations du munitionnaire:

Pour les années 11 et 12 du service, liquidation en Conseil d'administration avec ajournement de 700,000 f. — Rectification par le Ministre de cette liquidation, avec invitation à répéter au [...] ultérieurement. — Répétition faite par le munitionnaire. Nouvelle [...]

Copie Notice

liquidation par le ministre et réintégration d'une partie des 900,000f.
Mais point de notification par le Ministre de cette nouvelle liqui-
-dation et de la réintégration partielle.

Pour les années 13, 14 et 1806 du Service ; Décision arbitrale
de Bonaparte du 28 Juin 1806, prononçant une réduction de près
de 3 millions, contrairement aux stipulations du traité, sur les
cessions de flotille, et, rétroactivement 900,000 sur les années 11 et 12
liquidées. — Point de notification. — Projet de liquidation par le
Ministre des années 13 et 14 et 1806 avec avis de rejet et ajourne-
-ment et invitation d'y répondre — Après réponse du munitionnaire,
rapport du Ministre à Bonaparte, après quelques réintégrations,
mais sans Décision de liquidation, ni notification au munitionnaire.

Pour le service An 1807 et l'inventaire de remise, Projet de
liquidation intérieure par le Ministre, sans avis de rejet et d'ajour-
-nements quoiqu'il en ait été fait ; — Aucune notification de tout cela
au munitionnaire et point de Décisions ni de la Commission Andréossi,
ni du Conseil d'Etat.

C'est en 1807 que le Ministre saisit la Commission
Andréossi de tous ses rapports ou projets intérieurs de liquidation,
resté en Suspens et sans décision depuis 1806, et resté aussi
sans décision et sans résultat à cette Commission jusqu'à la
Restauration.

En Octobre 1809, lettre du Ministre qui promet au
munitionnaire le Compte général de liquidation, mais qui ne
lui a pas été envoyé.

16 Octobre 1810, Décret qui porte que la somme de
1,665,482f 24c due au munitionnaire pour Solde de ses
fournitures pendant les années 1806 et 1807, Sera ordonnancée
au profit des agents du Service employés dans les ports, qui ont
endossé des traites pour paiement de Denrées entrées dans les
magasins au nom du Sr Vaalerberghe, ou pour remboursements
d'autres Dépenses du Service qui lui étais confié.

Ce Décret a été rendu sans que la Commission Andréossi
ait pris aucune Décision sur les rapports ou projets de liquida-
-tion du ministre Dont elle étais saisie et Dont elle est encore
restée saisie Depuis sa Date jusqu'à la restauration.

Ce Décret rendu sur les instances de quelques
agens

Report d'autre part.   Reprise d'autre part.

Agent endosseur de billets de Service, n'était évidemment que l'affectation au paiement de ces billets de Service de la Somme de 1,665,000 f. dont le Ministre se reconnaissait redevable, Selon son Seul compte intérieur Sur le Service des deux années 1806 et 1807, sans préjudice des Sommes en litige Sur ces deux mêmes années et Sur les années antérieures.

Ce n'était pas un Décret de liquidation générale et finale; il ne l'était même pas pour les années 1806 et 1807, puisque la Commission Andréossi n'avait encore rien jugé.

Ce n'était qu'un provisoire de 1,665,000 f. affecté à un paiement Spécial, sauf règlement et jugement Sur les liquidations en litige s'élevant en outre à 13 millions.

Ce Décret ne fut pas même notifié à Mr. Vanlerberghe père qui, dès qu'il en apprit l'existence par ses agents dans les ports, s'empressa d'écrire au Ministre le 19 du mois Suivant, que cette énonciation de Solde de 1806 et 1807 n'était Sûrement qu'une erreur, puisqu'il lui était encore dû 3,432,276 f. Sur ces deux exercices Seulement et 6,608,368. » Sur tous ceux de sa gestion, non compris les intérêts Stipulés s'élevant au 1er. Janvier 1810, à 2,499,390 f.

Toutefois, c'est de ce décret Du 16 Octobre 1810, Simple Décret d'affectation d'une Somme non contestée Sur une partie des fournitures De Deux exercices Seulement non encore liquidés que Mr. le Ministre Portal, a tiré en Septembre 1819, une fin de non-recevoir contre 13 millions 200,000 fr. non jugés.

Et cependant une ordonnance royale du 11 Novembre 1814, a ordonné qu'on procéderait à la liquidation de ce qui pouvait être dû au munitionnaire conformément à son traité.

Et en conséquence, le 30 du même mois, le Ministre invita Mr. Vanlerberghe à lui adresser le mémoire Détaillé de ses réclamations.

Et les bureaux De la Marine S'occupèrent De la liquidation.

Les événements De 1815 la Suspendirent; mais, dès que l'ordre fut rétabli, on s'en occupa De nouveau. Dans le budget de 1816, la créance de Mr. Vanlerberghe fut portée pour 11,182,590 f. 49 c.

pour

---

pour raison de son service depuis le 1er Messidor An 11, au 25
Septembre 1807.

    Les bureaux de la Marine ayant terminé en Mai
1816 leur travail, le ministre de la Marine, d'alors, l'envoya
à l'examen du Comité de marine du Conseil d'État.

    C'était Mr. le Bon Portal qui présidait ce Comité
comme Conseiller d'État et qui fut d'avis de l'allocation d'une
somme d'environ 5 millions, en 1817.

    Et cependant le décret de 1810 existait en 1814, 1816 et
1817, et le ministre et le Comité de marine ne pouvaient pas, en
torturant l'esprit, à s'en servir pour se dispenser d'établir la liqui-
-dation et de discuter le fond, et Mr. le Bon Portal, Conseiller
d'État, était bien éloigné lui-même d'attribuer à ce décret un
caractère liquidateur qu'il n'avait jamais eu et à en faire un
moyen de fin de non-recevoir général.

    M. Vanlerberghe père se mit en réclamation contre
plusieurs points de l'avis du Comité de Marine du Conseil
d'État.

    Mr. le Bon Portal, sur ces entrefaites, devint ministre
de la marine, et avant de rendre une décision sur les questions
restées en litige par l'avis du Comité de marine, il jugea à
propos de faire examiner de nouveau toute l'affaire au fond
par une Commission qu'il créa et qui fut présidée par Mr. le
Bon Mounier, Pair de France.

    Ainsi en 1818, il se fit un nouveau travail, un nouvel
examen approfondi de toute la comptabilité relative au service
opéré par M. Vanlerberghe ; chacune de ses réclamations
fut pesée et discutée ; cette Commission admit même M. Delacroix
Frainville à plusieurs de ses séances pour entendre et apprécier
ses motifs au soutien des droits et réclamations du muni-
-tionnaire.

    Ainsi cette commission jugea les réclamations du
munitionnaire contre la réduction arbitraire du prix des
rations de flotille ; celles relatives aux articles non liquidés
et restés toujours en suspens : celles relatives aux droits sur
les boissons et sur le sel, aux pertes de vivres à bord des
bâtiments, aux transports par terre, aux constructions de
                            coqueries

Report d'autre part.   Report d'autre part —

coquerie et de griller à charbon, et enfin au droit acquis par le
munitionnaire à des intérêts pour retards de payements.

Certes, si le décret de 1810 eût été liquidateur et si en
cette sorte, il eût pu être opposé au munitionnaire, la Commission
dont il s'agit se serait dispensée du grand travail auquel elle se
livrait en prenant connaissance au fond de chaque détail.

Mais outre qu'il paraissait impossible de faire du décret
de 1810, l'arme fatale dont on s'est servi ensuite pour tout anéantir,
une nouvelle ordonnance royale du 12 Août 1818, venait de réitérer
aux ministres l'injonction énoncée dans l'Ordonnance de 1814,
de procéder à la liquidation des créances du munitionnaire.

Les avis émis par la Commission Mounier, ne furent
pas communiqués au munitionnaire, mais il crut savoir qu'ils lui
procuraient des allocations plus étendues que celles résultantes de
l'avis émis par le Comité de Marine.

M. le Bon Portal, ministre de la Marine, de qui
le munitionnaire avait lieu d'attendre enfin une décision équitable
d'après ce double examen et ce double avis et du Comité de marine
que M. Portal avait présidé et de la Commission Mounier créée
par lui pour mieux fixer son opinion, fut loin de répondre à la
juste attente du munitionnaire.

Le Ministre laissant de côté tous les travaux et avis sur
le fond, frappa, par une décision de fin de non-recevoir générale,
l'universalité des créances du munitionnaire.

Cette décision qui, comme on l'a dit, est datée du 25
Septembre 1819, a été un coup de foudre pour le munitionnaire.

L'ayant reçue à son lit de mort dans les derniers
jours de Septembre et pressentant les conséquences fatales dont
elle était pour ses affaires, M. Vanlerberghe père en conçut
un si vif chagrin, et fut tellement affecté de cet étrange prix
donné à ses services, qu'il n'y survécut que peu de jours.

Ce fut donc dans le triste temps d'un deuil augmenté
par la circonstance qui avait évidemment accéléré la mort de son père,
que M. Vanlerberghe fils, voulut se soumettre à entrer dans l'immensité

De

(Report D'autre part.

(Report D'autre part.

de cette affaire, pour se mettre en état d'en discuter et d'en défendre le droit.

Déjà l'inventaire commencé lui laissait entrevoir l'énormité d'autre affaire, dont les difficultés paraissaient insurmontables et dont la suite, quelqu'en fut un jour le résultat, devait nécessairement le constituer dans des débours considérables.

Par une simple renonciation, il pouvait se décharger d'un fardeau très-effrayant et très-onéreux.

Cependant sans autre but que d'honorer la mémoire d'un père révéré, et de tâcher d'obtenir un résultat satisfaisant pour des créanciers restés d'affaires qui lui étaient tout-à-fait étrangères, M. Vanlerberghe fils s'est résigné à suivre les diverses réclamations de son père, d'abord comme habile à se porter héritier et mandataire judiciaire, sans attribution de qualité, ensuite comme héritier bénéficiaire.

Le pourvoi au Conseil d'État contre la décision précitée du ministre de la marine, a été fait le 23 et 24 Décembre 1819.

Ainsi la péremption a été prévenue par les soins de M. Vanlerberghe fils.

La rapide analyse qui a précédé, a fait voir qu'il fallait du temps pour entrer dans les profondeurs de cette affaire, acquérir la connaissance des détails, se procurer les moyens de défense et en combiner les développements.

Par lettre du 19 Octobre 1820, M. Vanlerberghe fils, informé par M. Scribe, qu'on le pressait de faire la production de son mémoire de défense et des pièces y relatives, a représenté à Sa Grandeur le Garde des Sceaux que, par jugement du 22 Août précédent, confirmé par arrêt du 3e du même mois, la continuation de l'inventaire des papiers de l'ex-munitionnaire était autorisé pour six mois : que l'immensité de ces papiers était telle qu'il n'avait pas encore été possible de trouver et réunir tous les documents qui pouvaient concourir à la défense préparée par M. Scribe, avocat au Conseil, contre la décision du Ministre de la marine :

Que cette défense qui intéressait un grand nombre de créanciers laissés par feu M. Vanlerberghe, père, faute d'avoir été liquidées par l'ancien Gouvernement était extrêmement importante et demandait des

(Report d'autre part.   (Report d'autre part) –

bien complet et un travail considérable ;

Que les Tribunaux suspendant toute action jusqu'à la clôture de l'inventaire et après le délai accordé par la loi pour délibérer, le S. Vanderberghe fils espérait que sa Grandeur le Garde des Sceaux trouverait juste d'ordonner pour lui et les Commissaires des créanciers le même délai pour produire au Comité contentieux du Conseil d'État les mémoires ampliatifs dans l'affaire de la marine.

Ce premier délai fut accordé par Monseigneur le Garde des Sceaux.

Il était de la plus grande importance d'obtenir la communication des pièces énoncées dans la Décision du ministre de la marine et de toutes celles composant le Dossier produit par le Ministre à M. le Rapporteur du Comité contentieux ; il était juste de penser que cette communication ne pourrait éprouver le moindre difficulté.

Il en arriva autrement. On ne put jamais obtenir au Conseil d'État ni la communication d'un rapport du ministre au Conseil des ministres, ni celle d'un rapport intérieur du 1er. Février 1810, quoique jointe au Dossier produit par le Ministre.

En voici la copie littérale d'une lettre de M. le Bon. Portal, Ministre de la Marine, en date du 20 Décembre 1819, adressée à M. Scribe, avocat aux Conseils :

" Monsieur, en m'annonçant par votre lettre du 17 de
" de ce mois, que vous êtes chargé comme avocat aux Conseils
" de vous pourvoir contre une Décision que j'ai rendue le 25
" septembre dernier sur la réclamation de feu M. Vanderberghe,
" vous me demandez communication des pièces énoncées dans
" ma Décision.

" La demande que vous me faites n'est point conforme aux
" règles ordinaires de la procédure devant le Conseil d'État.

" Je ne dois communication qu'au Comité du contentieux
" dont le vœu m'est transmis, s'il y a lieu, par M. le Garde
" des Sceaux.

" J'attendrai donc, pour la communication que vous
" sollicitez, que le Comité du contentieux se soit expliqué. Ma déter-
" -mination à cet égard ne compromet en rien les intérêts de
" vos clients, puisque vous pouvez former votre pourvoi par

la.

» la simple exhibition de la Décision attaquée, et que, D'ailleurs,
» vous trouverez Dans les anciens bureaux Du Munitionnaire
» Général, la plupart Des pièces que vous réclamez — Agréez,
» Monsieur, l'assurance De ma parfaite considération — Le
» Ministre Secrétaire D'État De la Marine et Des Colonies
» Signé : (Bon Portal.»

Cette pièce a été produite au Conseil D'État par Mr
Vanlerberghe fils, avec protestation et nouvelle Demande De
communication entière, Sans restriction.

Mais cela n'a pas été obtenu ; il n'a été Donné
qu'une communication partielle, insuffisante, et celle Des
Deux pièces principales sus-énoncées et de quelques autres actes absolu-
-ment refusée.

Me Scribe, pressé De nouveau De produire, Mr Vanler-
-berghe fils écrivit encore à Sa Grandeur Mgneur le Garde Des
Sceaux, le 19 Juin 1821, pour l'informer que l'inventaire auquel
on n'avait cessé De procéder n'était pas terminé, qu'il n'avait
encore pu recueillir qu'une partie Des Documents nécessaires à
une Défense complette ; que le Tribunal De première instance,
Se fondant Sur le motif De Son premier jugement, venait D'en
rendre un Second qui accordait un Dernier Délai De six mois
pour terminer l'inventaire ; qu'en conséquence, le Sieur
Vanlerberghe fils réclamait De Sa Grandeur le même nouveau
Délai, pendant lequel De recherches ultérieures lui ferraient peut-
être Découvrir Des pièces importantes à la Défense.

Ce nouveau Délai fut refusé.

Il fallut Donc S'occuper De la Défense finale ; on le fit,
tout en protestant contre l'obligation imposée à cet égard à
Mr Vanlerberghe Dans Sa qualité provisoire et Durant les
opérations De l'inventaire ; considération qui avaient Déterminé
la Cour Royale et le Tribunal à Surseoir les affaires judiciaires
et qui paraissaient Devoir avoir le même poids Devant la
Juridiction Du Conseil D'État qui, cependant, passa outre.

Des mémoires furent rédigés avec Soin, imprimés &
Distribués ; De nombreuses Démarches furent faites.

Rien De ce qui était capable D'éclairer
la religion Du Rapporteur et Des Conseillers Sur la
saine interprétation et application Données au Décret

de 1810 ne fut négligé.

On développa tous les moyens du fond et de l'exception tirés des circonstances et de la lettre du traité et du défaut de liquidation de la part de la Commission Andréossi et de la reprise du fond en 1816, 1817 et 1818, à cause de l'absence de toute liquidation et en vertu des Ordonnances Royales de 1814 et 1818.

On démontra avec clarté et précision, la cause, l'esprit et le but du décret de 1810, simple décret d'affectation à un objet spécial, d'une somme due par le Ministre par résultat, de son compte particulier, intérieur, des capitaux de deux seules années du service, en laissant de côté 3,432,276 de capitaux réclamés en outre sur ces deux années; compte d'ailleurs non jugé, compte qui, dans aucun cas, ne pouvait même faire la liquidation finale de ces deux années; puisqu'il n'établissait même pas les intérêts dûs sur ces deux années, compte qui laissait aussi de côté plus de huit millions réclamés tant en capitaux ou intérêts sur les années antérieures à 1806 et 1807; compte enfin non notifié.

Le principal argument du Ministre était que ce compte ou rapport du 1er Février 1810, récapitulant tous les exercices antérieurs et présentant un résultat identiquement le même que la somme énoncée dans le décret du 16 Octobre 1810, comme solde des deux dernières années du service; la liquidation finale se trouvait ainsi opérée.

Et que M. Vanlerberghe père ayant par sa lettre des 10 avril et 26 juillet 1813, réclamé le versement au Trésor de 791,270f 62 faisant le solde des 1,665,482 du décret de 1810 et ayant fait cette réclamation sans renouveler les observations ou réserves exprimées en sa lettre susénoncée du 19 Novembre 1810, avait acquiescé purement et simplement à ce décret, qu'il l'avait ainsi reconnu comme décret de liquidation et avait fait abandon de sa créance de 13 millions.

On a répondu avec vérité que ce décret n'avait point fait de liquidation; qu'il n'en énonçait pas; qu'il eut fallu au préalable que le rapport de février 1810 eut été jugé

liquidateur

Report d'autre part.   (Report d'autre part)

liquidateur, ce qui n'était pas, ce qu'on offrait de prouver, pour-
-quoi on en demandait la production toujours refusée. En effet,
on aurait vu que ce rapport de février 1810, simple situation intérieure
n'était pas revêtu de l'approbation de la Commission Andréossy où
il était resté avant et depuis le décret d'Octobre 1810:

Que le décret de 1810 n'avait pris eu pour objet de
déterminer une liquidation qui restait à juger ou à faire, mais
seulement de payer sur la somme de capitaux, non litigieuse, les
billets de service d'après la demande de quelques préposés poursuivis
pour raison de leur endossement

Que si Mr Vanlerberghe n'a pas en 1813 renou-
-velé sa observation et réserve de 1810, on ne peut en induire
la reconnaissance d'un caractère liquidateur à ce décret, puisqu'il
ne l'avait pas de fait.

Que Mr Vanlerberghe dans le lieu d'un concordat
n'avait pu ni voulu donner une quittance de 13 millions pour
191,000 qu'il ne touchait même pas.

Que sa réclamation antérieure et subséquente à sa
lettre de 1813 et les travaux et examens pour sa liquidation
faite dès 1816, 1817 et 1818, repoussent toute idée, d'ailleurs
absurde, de désistement d'une créance aussi importante que
celle de 13 millions; que les débats même pour cette liquidation
devant les diverses Commissions qui en ont successivement
connu et qui n'ont jamais eu la pensée de donner au décret
de 1810 un autre caractère et un autre motif que celui que la
bonne foi et la vérité établissent, renversent ce prodigieux effort
d'en créer un moyen de fin de non recevoir

Cependant contre toute attente et contre l'évidence des
faits, le Conseil d'État a été d'avis de confirmer la fin de
non recevoir proposé par le Ministre en une Ordonnance
du 31 Octobre 1821, a rejeté la créance la plus légitime
qu'il y eut au monde; une créance de 13 millions.

Voici comment s'exprime l'Ordonnance royale du 31
Octobre 1821:

" Considérant que le décret du 16 Octobre 1810, est de
" sa nature un acte définitif et inattaquable;

Considérant—

« Considérant que ledit Décret embrassait la totalité de la
» liquidation ;

« Que cela résulte :

« 1°. Du rapport du 1er Février 1810, sur lequel est
» intervenu le dit Décret et qui se référant aux liquidations
» antérieures, comprend tous les exercices et fixe, en résultat
» définitif, la créance totale du Sr Vanlerberghe sur la
» marine à la somme de 2,053,482 f qui, réduite à 1,665,482 f
» par le paiement de 388,000 f fait au Trésor, à la décharge
» du munitionnaire, le 26 Février 1810, coïncide exactement
» avec celle dont le Décret du 16 Octobre suivant autorise le paiement
» pour solde ;

« 2°. Des Décisions rendues par le Ministre de la
» marine qui prescrivent et récapitulent les mesures d'exécution
» du Décret et fixent à 191,270 f 90, la somme qui restait due
» au Sr Vanlerberghe, pour solde de toutes ses fournitures, déci-
» -sions notifiées et non attaquées.

« Considérant, d'ailleurs, que le sieur Vanlerberghe
» a reconnu le caractère définitif et irrévocable du Décret du
» 16 Octobre 1810 dans sa correspondance avec le ministre de
» la marine, notamment par ses lettres ci-dessus visées du
» 19 Avril et 26 Juillet 1813, dans lesquelles il réclame la
» somme de 191,270 f 62 pour solde de ses fournitures de
» 1807 et années antérieures faites pour le service de la marine,
» sous le nom de Frénais, et délègue au Trésor ladite somme,
» sans aucune autre réserve que celle d'une créance de 23,764 f 54
» par lui prétendue sur les exercices An 12, 13, 14, 1806 et 1807,
» à titre de munitionnaire des vivres de terre.

« Considérant que nos Ordonnances des 11 Novembre
» 1814 et 19 Août 1818, ont été rendues sur le rapport de votre
» Ministre des finances, uniquement dans l'intérêt du
» Trésor public et en ce qui touche les opérations de la Compagnie
» des Négociants réunis, qu'elles n'ont pu statuer sur des
» créances réclamées contre les Départements de la guerre et de
» la marine et que nous nous y sommes bornés à prescrire
» la liquidation de ce qui pouvait être dû aux munitionnaires géné-
» -raux Masson et Frénais ; mais que lesdites ordonnances

« etc...

Report d'autre part.   Report d'autre part —

" nous pu révoquer ou nous l'avons révoqué en effet un décret de
" liquidation qui avait obtenu depuis longtemps l'autorité de la
" chose irrévocablement jugée.

" Notre Conseil d'État entendu :
" Nous avons ordonné et ordonnons ce qui suit :

Article 1er.

" La Requête des sieur Vanlerberghe et des sieurs
" Sévène et Marion, aux noms qu'ils agissent, sont
" rejetée, &c. &c. "

M. Vanlerberghe fils et Ouvrard avaient adressé la
lettre dont la teneur suit à tous les Conseillers d'État en y
joignant les mémoires imprimés :

Monsieur le Conseiller d'État,

" Des circonstances indépendantes de notre volonté et
" l'espoir d'obtenir la communication de pièces qui nous ont été
" refusée contre toute espèce de justice, nous avaient déterminés
" à différer jusqu'à présent la production de notre mémoire.
" Nous l'avons déposé comme forcés et contraints, hier mardi,
" ainsi que les pièces à l'appui. Ce matin seulement les
" créanciers qui dans intervenants vous produit le leur et nous
" apprenons à l'instant que aujourd'hui aussi, le Comité du
" contentieux a émis son avis et que le grand Conseil doit
" prononcer demain.
" Nous avons peine à concevoir une telle précipitation
" dans une affaire aussi grave, qui intéresse un aussi grand
" nombre de famille et dans laquelle le Conseil d'État ne
" véritablement qu'une partie des éléments qui seraient néces-
" -saire pour la juger.
" Nous avons vainement demandé la communication
" des pièces qu'on nous oppose ; une partie de ces pièces nous a
été

                                        à reporter —

» été refusée ; celle qui nous étaient favorables n'ont pas même été
» envoyée par le Ministre au Conseil D'État.

       " Vainement aussi nous avons Demandé qu'on voulût
» au moins nous Donner, pour nous Défendre, le Délai
» que les Tribunaux n'ont pu, malgré l'opposition de mon
» adversaire, nous refuser, attendu la qualité primitive de Mini-
» Dé nous Depuis la mort Deson père.

       " Nous venons aujourd'hui, Monsieur le Conseiller
» D'État, vous Supplier De vouloir bien lire avec attention
» notre Défense ; elle vous convaincra, nous osons l'espérer,
» De l'injustice et Dupeu De fondement Des motifs sur lesquels
» le Ministre a appuyé la Décision par laquelle il a rejeté la
» réclamation Du munitionnaire.

       Nous Sommes avec respect, &c.

       Quelqu'accablante que fut cette ordonnance Du 31 Octobre,
comme la Décision n'était basée que sur les mêmes erreurs
De faits qui avaient motivé celle du Ministre, Monsieur
Vanlerberghe ne Dut pas Désespérer de pouvoir avec le temps
apporter une plus grande lumière sur cette affaire, et il conserve
encore cet espoir qu'il croit fondé.

       Il continuera Donc ses recherches, ses travaux, ses
Démarches.

       Dès le mois De Mars suivant (11 mars 1822) M.
Vanlerberghe fils, de concert avec M. Ouvrard, présenta à la
Commission Du Budget De la Chambre Des Députés la protesta-
-tion Dont suit la teneur.

       A Messieurs,

« A Messieurs le Président et Membres de la Commission
» du Budget — Messieurs, la loi des Comptes et celle du
» Budget ont présenté comme irrévocablement écartée la réclamation
» de l'ancien Munitionnaire de la Marine Vanlerberghe.

« Il est vrai qu'une Décision du Conseil d'État prise
» en Octobre dernier a rejeté cette réclamation par fin de
» non-recevoir.

« Mais à l'époque où l'affaire a été discutée et la
» Décision du Conseil d'État rendue malgré nos Démarches réi-
»-térées pour obtenir un Sursis, l'inventaire après le Décès
» de M. Vanlerberghe et le temps légal de la Délibération
» n'étaient même pas à leur terme ; la contestation a été
» jugée quoique M. Vanlerberghe fils n'eut encore pris
» aucune qualité dans la succession de son père.

« Il serait possible que cette circonstance et quelqu'autre
» plus importante encore ouvrissent une voie légale de faire réformer
» la Décision dont il s'agit.

« Dans ces cas, nous devons signaler l'intention où
» nous sommes de réclamer ultérieurement et même inviter
» la Commission à poser dans sa sagesse le point de savoir si
» elle ne pourrait pas faire de notre protestation l'objet
» d'une observation particulière dans le cours de la Discussion.

« Dans tous les cas, la publicité des Débats de la
» Chambre ne nous permettant pas d'ignorer que notre créance
» a été présentée comme définitivement rejetée, nous craindrions
» que plus tard on vînt nous opposer le silence que nous aurions
» gardé dans cette Circonstance.

« Nous avons l'honneur, &c.

Le 13 du même mois, l'honorable M. Lastour,
président de la Commission du budget, accusa réception de cette
protestation.

Le 18 du même mois de mars une protestation Semblable
fut adressée à LL. SS. les Pairs de France ; président et membres
de la Commission du Budget.

Elle fut réitérée dans une pétition adressée le 20 avril
suivant à Sa Grandeur Monseigneur le Chancelier
De

(Report d'autre part   (Report d'autre part

De France, Président de la Chambre des Pairs et M.rs Vanlerberghe
fils et M. Ouvrard y disent : " Nous nous réservons le recours
" des voies légales pour parvenir à faire réformer cette Décision (celle
" du Conseil d'État). Nous espérons que Votre Grandeur aura la
" bonté d'inviter les nobles Pairs, membres de la Commission
" du Budget à prendre en considération notre protestation et nos
" réserves pour la juste conservation des Droits de l'ancien munition-
" -naire et dans l'intérêt des créanciers du service, &.

Le Moniteur Du temps (à la date du 21 mai 1822) en
un monument qui atteste de ce fait).

Deux mois après (Le 21 Juin 1822) M.r Vanlerberghe
fils et M.r Ouvrard adressèrent à S. Ex. le Ministre des
Finances la protestation qui suit :

" M.r, En vertu d'un Traité du 30 floréal An 11, feu
" M. Vanlerberghe a été chargé de la fourniture générale des vivres
" de la Marine.
" A l'Époque où son service a cessé le 23 Septembre
" 1817, aucun exercice n'était encore apuré et la marine redevait
" au munitionnaire un Capital de plus de 19 million indépen-
" -damment des intérêts sur le pied de 5 f/% par an, qu'un
" article du traité lui allouait en cas de retard dans les paiements.
" Pendant les années 1808, 1809, 1810, 1811, 1812 et 1813,
" la marine avait effectué (au Trésor et aux porteurs de billets
" de service) d'autres paiements qui ont réduit cette Dette à environ
" 11 million.
" Le Gouvernement de Bonaparte avait nommé une
" Commission de Conseillers d'État pour examiner toutes ces
" réclamations et liquider Définitivement les comptes du muni-
" -tionnaire) : Mais à l'époque de l'heureuse Restauration
" du Trône légitime, cette Commission n'avait encore rien statué
" sur cette liquidation.
" M. Vanlerberghe continua ses réclamations ; il se
" pourvu auprès des Ministres du Roi pour obtenir la reprise
" et l'achèvement de ce travail qui devait amener à une liquidation
" finale, sans cesse sollicitée et toujours suspendue ; Pour
" ordonnance royale en date des 11 e Novembre 1814, et

12 vous

_______________   _______________
à reporter   à reporter

                              (Report d'autre part)

« 12 Août 1818 ont accueilli sa Demande.
 » Dès le 30 Novembre 1811, Mr. le Comte Ferrand,
 » alors chargé du Portefeuille de la Marine, a invité Mr. Vanlerberghe
 » à résumer toutes ses réclamations dans un mémoire général.
 » Par une autre Dépêche du 7 Novembre 1815, Mr. le
 » Vicomte Dubouchage a réglé la forme dans laquelle cet ancien
 » munitionnaire devait établir son compte d'intérêt.
 » Dans le cours de 1816, les bureaux du ministère ont
 » préparé la liquidation générale. Mr. le Vicomte Dubouchage
 » l'a renvoyée à l'examen du Comité du Conseil d'État attaché
 » à son Département et au mois d'Août 1817 est intervenu
 » une Délibération de ce Comité.
 » Cette Délibération accueillait une grande partie des
 » réclamations du munitionnaire ; elle en rejetait quelques autres.
 » Avant de statuer sur l'avis du Comité, le nouveau
 » Ministre, Mr. le Comte Molé, en donna communication à
 » Mr. Vanlerberghe en l'invitant à fournir ses observations
 » définitives.
 » Cette réponse ne put être remise qu'en 1818. Mr. Vanler-
 » -berghe y établissait de la manière la plus évidente la justice
 » de l'intégralité de ses réclamations ; mais au moment de
 » prendre une Décision le ministre se retira.
 » En Mars 1819, son Successeur, Mr. le Bon Portal,
 » nomma une Commission Spéciale pour examiner cette affaire ;
 » et Mr. Vanlerberghe eut tout lieu de croire que l'avis de cette
 » Commission ne fut pas moins favorable que celui de la première
 » qui avait été nommée par Mr. Dubouchage.
 » Cependant, Mr. le Bon Portal a pris une Décision
 » par laquelle, au lieu d'accorder les divers articles qui avaient
 » été alloués par les deux Commissions, il a rejeté en masse
 » toutes les réclamations du munitionnaire, en se fondant sur
 » une fin de non-recevoir.
 » Cette Décision est parvenue à Mr. Vanlerberghe
 » la veille de son décès. Son fils et les Commissaires de ses créanciers se
 » sont pourvus au Conseil d'État. Mr. Vanlerberghe fils qui n'avait
                                                                        point

_______________   _______________

à reporter   à reporter

(Répon d'autre part)   (Répon d'autre part

» point pris qualité dans la succession de son père, a inutilement
» réclamé un Sursis à la Décision du Conseil d'État, jusqu'à ce
» que l'inventaire fut achevé et que tous les papiers qui pour-
» -raient Servir à la Défense lui fussent connus.

     " Nonobstant cette Demande de Sursis et malgré les
» protestations et réserves de M. Vanlerberghe fils, le Conseil
» d'État a cru Devoir prononcer ; il a adopté les motifs du
» Ministre et le pourvoi des Exposants a été rejeté par une
» ordonnance du 31 Octobre 1821.

     " La créance de M. Vanlerberghe avait figuré
» pour environ 10 million dans les comptes de l'arriéré
» qui ont été présentés aux Chambres depuis 1815. Il est à
» présumer que d'après l'Ordonnance précitée, le ministère de
» la marine l'aura retranchée du Tableau qui va être soumis
» à la Session actuelle pour fixer Définitivement le montant
» de la Dette arriérée. Cependant les Soussignés ne regardent
» pas leur cause comme perdue. Le fond n'a pas été jugé ; c'est
» Seulement par une fin de non recevoir résultant d'interpré-
» -tations erronées et de faits inexacts et Dénaturés qu'on a
» prétendu annuler une créance légitime de plus de 10
» million.

     " Mais cette créance est incontestable ; elle résulte
» de fournitures qui ont été faites et qui n'ont pas été payées,
» dont la liquidation n'a même été ni effectuée ni notifiée.
» Deux Commissions Successives de Conseillers d'État, de
» Maîtres Des Requêtes et d'intendants maritimes l'ont
» reconnue.

     " C'est contradictoirement à ce Double avis qu'a été
» rendue la Décision du ministre de la marine, laquelle en
» laissant Sans jugement le fond, ne s'est appuyé que sur
» Des fins de non-recevoir. Ainsi ce ne serait que parce
» qu'on n'aurait pu élever de doute sur la créance, qu'on se
» serait retranché dans des exceptions indignes d'un Gou-
» -vernement juste et paternel et qui, au Surplus, attestent
» l'impuissance où l'on a été de combattre au fond la réclama-
» -tions du munitionnaire.

     " En tout temps les Soussignés proclameront

                 Hautement

« hautement ce fait incontestable qu'ils n'ont pas été payés de
» tout ce qui a été fourni, que la liquidation n'en a pas été faite ;
» qu'elle ne leur a point été notifiée et que conséquemment le
» Gouvernement retient ce qui leur est dû.

» Forts de cette conviction, les Soussignés ne cesseront
» de faire entendre leur réclamation ; ils les porteront, s'il
» le faut, au pied du Trône : ils osent espérer qu'on leur rendra
» enfin justice en abordant le jugement du fond. Ils ont de
» plus l'espoir de recouvrer les documents nécessaires pour étayer
» et justifier leur recours contre une Décision de fin de non-
» recevoir qui n'est pas moins Désastreuse pour la foule des
» créanciers qu'elle intéresse, qu'elle est contraire aux principes
» de loyauté du Gouvernement légitime.

» Ils protestent aussi, en attendant qu'il soit fait
» Droit à leur réclamation, contre le retranchement qui aurait
» pu être fait au Tableau de l'arriéré, des sommes qu'ils
» soutiennent leur être dues et supplient Votre Excellence de
» prendre telle mesure ou de faire telle chose qu'elle jugera
» convenable dans sa sagesse pour obtenir ultérieurement des
» Chambres, le crédit en valeur de l'arriéré, qui pourra être néces-
» -saire pour acquitter leur créance.

» Ils sont avec respect, &c &c &c — Et ont signé.
(Comme les autres protestations précédentes.)
Vanlerberghe   J. Ouvrard.
» habile à se porter héritier de)
» mandataire judiciaire »

Une dixaine de jours après, c'est-à-dire le 1er juillet
1822, les sieurs Auguste Séveene et Martan, Commissaires
des Créanciers unis de feu M. Vanlerberghe père et de
M. J. Ouvrard, adressèrent aussi une réclamation au même
ministre ; Elle est ainsi conçue :

« Monseigneur, En notre qualité de Commissaires
» des Créanciers des sieurs Vanlerberghe et Ouvrard, nous
» avons l'honneur de joindre notre réclamation à celle que les Messieurs
Vous

Report [illegible]   Report d'autre part —

[illegible] au présent le 21 juin dernier.

« La décision du Conseil d'État contre laquelle les
» réclamations de MM. Vanlerberghe et Ouvrard sont, dans l'ir-
» -régularité de réclamer, deux fois fondée, entre autres motifs, sur les
» lettres de M. Vanlerberghe dont on a prétendu induire un
» acquiescement à un Décret Impérial faussement qualifié D'écrit
» De solde final.

     » Longtemps avant l'époque à laquelle MM. Vanler-
» -berghe a écrit la lettre qu'on oppose, il avait déposé son
» Bilan ; et en adoptant même, ce qui n'est pas, qu'il eût
» nui, par quelque renonciation au fond D'une liquidation
» qui appartenait à des Créanciers, ce qui aurait été certaine-
» -ment contraire à son intention, il est évident qu'il n'aurait
» pas eu ce Droit et que le Ministre De la marine, qui
» connaissait le Concordat fait avec ces mêmes Créanciers, puis-
» -qu'il en fait mention Dans un rapport soumis au Chef
» Du gouvernement D'alors, n'aurait pas pu non plus vala-
» -blement recevoir Décharge de M. Vanlerberghe, lequel
» D'ailleurs n'en a point Donné.

     » Nous osons Donc espérer qu'un nouvel examen
» De cette affaire amènera un autre résultat et nous nous
» joignons à MM. Vanlerberghe et Ouvrard pour Supplier
» Votre Excellence De vouloir bien faire Dans le budget toute
» réserve qu'elle croira convenable.

     » Nous avons l'honneur d'être, &c.
     Signé : Aug.te Serenne. — Marteau.

Les faits, motifs et moyens énoncés Dans ces Diverses lettres,
pétitions et protestations, ont été établis, Développés et Démontrés
plus amplement avec D'autres encore Dans les mémoires imprimés
produits avant le prononcé du Conseil d'État, et Dans
les conclusions prises pour l'avocat au Conseil. (On en sera
[illegible] à la lecture De [ce] mémoire qu'il eût été trop long
[illegible]

[illegible] suffire pour justifier la soum-
[illegible] Vanlerberghe ; ce qui va suivre en justifiera
[illegible]

[illegible] Du 1er avril 1822 et l'ordonnance
[illegible] ayant voulu que [illegible]

[illegible]   À reporter

N° 2.

Report d'autre part   Report d'autre part —

la créancier de l'arriéré fissent dans un terme fixe une Décla-
-tion de leur prétention pour être enregistrée dans les ministères
respectifs, M.° Vanlerberghe fils, en sa qualité D'héritier
bénéficiaire satisfit aux Dispositions et formalités prescrites à cet
égard.

En persévérant comme il le fera toujours dans la
résolution annoncée dans la protestation du 21 Juin 1822,
de réclamer perpétuellement contre l'injustice commise par la
fin de non-recevoir, M. Vanlerberghe fils a Déposé au
Ministère de la marine le 27 et 28 mars 1823, sa récla-
-mation en Demande de liquidation " pour les fournitures
" faites pour la marine par l'Entreprise Frenai, cautionnée
" par feu M.° Vanlerberghe, suivant les comptes et pièces
" justificatives et mémoire à l'appui par lui produits Depuis
" le 1.er Messidor An XI jusqu'au 22 Septembre 1807.

" Les Capitaux Dûs sur ce service montant (Déduction
" faite des à-compte payés) à 7,409,102.-17 pour laquelle
" somme il fait en sa dite qualité, toute réserve De Droit, pour
" la liquidation et son recouvrement, sans aucune approbation De
" toute Décision contraire qui aurait pu être rendue, se réservant
" tout pourvoi et recours possible.

" Et pour les intérêts Dûs à l'ex-munitionnaire égal.
" en vertu de son traité, pour le retard qu'on lui a fait éprouver
" dans ses paiements De fournitures au Delà du Terme fixé
" par le traité Depuis le 1.er Messidor An XI, jusqu'au 1.er
" Janvier 1815 Dont le compte Dressé D'après une lettre De
" son Exc. le ministre De la marine Du 7 Novembre 1816,
" s'élevant à 5,861,497 44.° n'a jamais été ni Débattu, ni
" réglé, ni liquidé et conséquemment n'a pu recevoir aucune
" Décision — Sous toute réserve De continuation des Dits intérêts
" Depuis le 1.er Janvier 1815, et toute autre réserve De droit,
" à tout autre titre quelconque et sans approbation des Décisions
" qui auraient pu rejeter, &c."

Et par lettre adressée le lendemain 29 mars à Son Exc.
le Ministre De la Marine, le sieur Vanlerberghe fils a
complette en tant que De besoin ces Déclarations et réclamations.
Le 12 Mai suivant, M. Vanlerberghe a reçu
une lettre signée de par le Ministre, le Conseiller D'État,
Directeur des Colonies, Fonds et Invalides, Boursaint,
portant : — " Qu'en réponse à sa
                                          Déclaration

(Report d'autre part.   (Report d'autre part

" Déclarations ou demande de liquidation, datées des 27 ou 28
" Mars dernier, cette réclamation ne comporte aucune suite par
" le motif ci-après exprimé :
          " Une décision du Ministre de la Marine du
" 25 Septembre 1819, duement notifiée, a prononcé le rejet
" absolu de cette créance.
          " La décision du Ministre a été confirmée par
" une ordonnance Royale du 31 Octobre 1821, rendue sur
" l'appel des sieur Vanlerberghe (Aimé Eugène), Séverenne
" et Marteau, le premier héritier, (En tête de ladite lettre il
" est dit : héritiers sous bénéfice d'inventaire), les deux autres
" Commissaires des Créanciers du sieur Vanlerberghe, ex-
" -munitionnaire Général des vivres de la marine, se disans
" titulaire de la Créance.
          " Ainsi ladite créance est Définitivement éteinte, et
" la réclamation actuelle sans objet."
          En marge de l'énoncé de ces motifs sont relatées les
Deux sommes formans ensemble fⁱ 13,270,599. 61ᶜ.

          Avant l'expiration des trois mois de la date de cette
lettre, le 9 Août dernier, M. Vanlerberghe fils a Déposé
par le ministère de Mᵉ Scribe un pourvoi au Comité contentieux
du Conseil d'État.
          Informé déjà avant les vacances que le Comité conten-
-tieux était dans l'intention de rejeter de suite ce pourvoi,
comme ramenant une question souverainement jugée, M.
Vanlerberghe Demanda et obtint audience de M. le Comte
Portalis, président du Comité, en lui représenta qu'il y aurait
injustice à l'empêcher de protester contre la décision rendue,
et que quelque fin le Sort de cette protestation, Dans laquelle
il persisterait en tous temps, on ne pouvait du moins lui contester
le Droit de réclamer du ministre de la marine le décompte
Dû du Service soi-disant réduit et liquidé par le décret
D'Octobre 1810 — qu'il résulterait de ce décompte, quand
le Ministre l'aurait produit, la connaissance des capitaux
exactement ou non exactement Décomptés ; celle des époques
De paiement et conséquemment le droit à réclamation sur
les erreurs en capitaux s'il en existait et pour l'allocation des intérêts
                                        Dû

dû pour les retards de paiements, aux termes du traité.

Que ces intérêts n'avaient pu être jugés par l'ordonnance
de 1821, puisque cette ordonnance n'avait fait que confirmer
le décret de 1810, or que ce décret n'avait ni jugé ni liquidé
les intérêts ; Qu'il était décidé par le Conseil d'État que
ce décret était intervenu sur un rapport du 1er février 1810 ;
Or, ce rapport n'ayant été qu'une situation, qu'une récapitula-
tion de capitaux, sans calcul d'intérêts, (c'est un fait
matériel) et sans calcul possible d'intérêts puisqu'on n'avait
jamais été d'accord sur ces capitaux, le compte des intérêts de
ces mêmes capitaux ainsi établis, ainsi réduits par le dit
décret et par la situation de février 1810, rédigée par le
Ministre seul et non notifiée, restait à faire, et que ces
intérêts restaient dus.

Que l'Ordonnance de 1821 n'ayant rien prononcé de
contraire à cet égard, le droit à cette portion d'intérêts dégagée
de capitaux non alloués et des intérêts sur les capitaux non
alloués, restait entier aux termes du traité ;

Qu'en conséquence il fut sursis à statuer jusqu'après
vacations, pendant lequel temps, l'avocat de Mr. Vanlerberghe
rédigerait son mémoire ampliatif.

M. le Président du Comité contentieux parut apprécier
la justesse de ses observations et invita M. Vanlerberghe à en écrire
à Mgr. le Garde des Sceaux.

Pour ce que fit M. Vanlerberghe.

Il fut sursis : Le dossier fut remis en conséquence
à M. Scribe par le bureau du Comité contentieux.

Mr. Vanlerberghe écrivit de nouveau à Mgr. le Garde
des Sceaux le 30 Septembre.

Le 14 Novembre suivant, M. Vanlerberghe écrivit
à Son Exc. le Ministre de la marine pour lui demander
le décompte général de la liquidation " du service, devant porter
" dans une colonne l'époque, la nature et la somme de chaque
" partie du service exécuté, reconnue ou allouée au crédit
" du munitionnaire ; dans une autre, la date ou l'époque
" à laquelle cette exécution ou allocation donnait au muni-
" -tionnaire le droit d'être payé ; dans une 3me, enfin la
" date et la somme de chaque paiement effectué, &c.

Report D'autre part.   Report D'autre part —

    Il ajouta : " Les recherches que j'ai faites Dans les
" papiers de mon père, m'ont fait connaître à mon grand
" étonnement, que jamais aucun des prédécesseurs de V. E
" ne lui avait adressé le Décompte général de la liquidation
" du Service important exécuté par lui et que ce Décompte,
" quoique promis plusieurs fois, était resté constamment
" en Suspens.

    " J'ai bien vu que Des projets De liquidation en capitaux
" sur quelques-uns Des exercices avaient été remis, que mon
" père avait fait des observations Sur ce projet partiel ; qu'il
" avait adressé ces observations au ministre, mais ces communica-
" -tions n'ont été Suivies D'aucune notification De la part Du
" Ministre De la marine, relativement aux Décisions qu'il
" pourrait avoir prises Sur ces projets De liquidation,
" ainsi que sur les observations de mon père
" . . . . La Décision rendue par le Conseil
" D'État, et contre laquelle je fais toute réserve de Droit,
" a bien pu Diminuer la créance, mais elle ne s'oppose nulle-
" -ment à ce que conformément au Traité, il Soit établi un
" compte D'intérêts sur le montant Du capital alloué.

    " J'ai Donc le plus grand intérêt à Demander
" le Décompte général de ce Service, et j'attends De la
" justice De V. Ex. De vouloir bien ordonner qu'il me
" Soit adressé.

    Voici quelle fut la réponse qu'une Demande aussi
Simple, aussi juste, obtint :

" Ministère   " Paris, 28 Novembre 1823.
" De la marine
" et Des Colonies.
                          " Monsieur, Vous me faites connaître par
                          " votre lettre Du 14 de ce mois, qu'étant
" 4ème Direction   " appelant Devant le Conseil D'État, D'une
" Fonds.   " Décision De moi, qui vous a refusé les
                          " intérêts Dus pour retard De paiements à
" feu votre père, autrefois munitionnaire général De la marine,
" Vous ne pouvez Soutenir votre action Sans obtenir Du ministère
" un Décompte qui Détermine vos Droits et ce Décompte vous me
" le Demandez
                                        La

(Répons. D'autre part)   (Répons. D'autre part) —

» La démarche que vous faite aujourd'hui une preuve
» que vous avez encore perdu de vue les antécédents de l'affaire :
» Je vais les exposer de nouveau :
»   Feu M. Vanlerberghe, votre père, avait formé
» sur le Département de la marine, comme ancien muni-
» -tionnaire général, une répétition de 13,270,599 f 61 c,
» Savoir :
»   En Capital ———————————— 7,409,102 f 17 c
»   En intérêt ———————————— 5, 861, 497. 44
»   A la suite d'un long examen, cette Demande fut
» rejetée dans son ensemble par une Décision de mon prédéces-
» - seur, dont la notification à Mr Vanlerberghe est du 25
» Septembre 1819.
»   Bientôt après, Monsieur, de concert avec les
» Sieurs Sévenne et Marteau, Syndic des Créanciers de
» M. Vanlerberghe récemment Décédé, vous interjetâtes
» appel de la Décision de M. le Bon Portal.
»   Ce nouvel examen de vos Demandes fut presqu'aussi
» long que le premier ; mais enfin le 31 Octobre 1821, deux
» ans après la Décision du ministre, il intervint une ordonnance
» Du Roi, qui, de l'avis du Conseil, rejeta vos requêtes et pour
» le principal et pour les intérêts dont le montant totalisé
» se trouve même exprimé dans le corps de l'acte.
»   Depuis ce moment, l'affaire est irrévocablement terminée.
»   Cependant, malgré votre propre conviction, malgré la
» juste répulsion dont votre Demande a été l'objet, lorsque vous
» avez cru Devoir la porter aux chambres, vous avez, au mois
» de Mars Dernier, reproduit vos prétentions auprès du Déparle-
» -ment de la Marine, comme si elle avaient pu subsister en
» présence de l'acte souverain qui les anéantis.
»   Sans entrer dans une Discussion devenue oiseuse, je
» me suis borné, par ma réponse du 12 mai, à vous rappeler,
» ainsi que je le fais ici, l'acte inattaquable par lequel toutes
» vos Demandes ont été mises au néant.
»   Il n'existe donc aucune Décision de moi
» dont vous puissiez être appelant : La Dernière

                                             Décision

« Décision qui ont statué sur l'affaire et l'ordonnance Royale du
« 31 Octobre 1821, que personne au monde, ne peut, désormais, mettre en
« question.
          « Tel est, Monsieur, le véritable état des choses.
          « Vous voyez par ce simple exposé que je n'ai point
« de décompte à établir, point de communication à donner
« l'affaire dont vous persistez à m'entretenir est à jamais finie.
« elle ne doit plus m'occuper, ce je me vois forcé, après deux
« réponses que votre insistance a nécessitée de vous déclarer que
« celle-ci sera la dernière.

          « Recevez, Monsieur, l'assurance de ma parfaite
« considération. — Le Pair de France, Ministre Secrétaire
« D'État de la Marine et des Colonies — Signé. Mᵍⁱˢ de
« Clermont-Tonnerre. »

          Ce n'est pas ici que M. Vanlerberghe croit devoir
consigner les observations dont chaque paragraphe de cette lettre
est susceptible aussi bien que sa conclusion.
          Comme elle est timbrée de la Direction des fonds, ce
n'est pas au Ministre que doit être attribué le ton de dureté
et l'acrimonie de cette lettre, mais à Mr le Conseiller
d'État Boursains, Directeur des fonds au Ministère
de la Marine, à M. Boursains, inventeur de la fin de
non-recevoir prononcée par M. le Baron Portal —
          Malheureusement, M. Boursains n'était pas
dans les bureaux du ministère pendant la durée du service
exécuté par feu M. Vanlerberghe. Il n'a pas connu le
zèle, mérité et l'excellente exécution de ce service ; arrivé
dans les Bureaux du ministère bien des années après sa
cessation, et à la tête d'une Direction étrangère à l'adminis-
-tration des vivres, il n'a cherché qu'à faire une économie
de fonds, et il l'a faite aux dépens de la Justice due au mini-
-stre —
          M. Vanlerberghe fils pressentant d'après la lettre
ci-dessus, quel allait être le sort de son pourvoi dernier, devait, M. Scribe de son côté, de produire le complément
des observations sur le Droit acquis à la Demande d'un
décompte et sur les intérêts pour retard de paiement, tous
projetés dans les précédentes protestations —
          M. Vanlerberghe adressa même des
                                        observations

Report d'autre part.   *Report d'autre part.*

servations à Sa Grandeur Mgr. le Garde Des Sceaux et
sollicité une audience.

Un noble Pair voulut bien même appuyer Des accents
De sa propre conviction la justice Des réclamations de M.
Vanterberghe fils.

Cependant le 10 Décembre Dernier, la requête Du
Sieur Vanterberghe fils, au nom qu'il agit, fut rejetée, et
l'avoué aux Conseils condamné à une amende, sur le fondement
que « la réclamation représentée aujourd'hui a déjà été rejetée
« contradictoirement par Notre ordonnance du 31 octobre 1821. »

Rien, comme on voit, n'est statué Dans cette Dernière
ordonnance sur la Demande Du décompte Du service.

M. Vanterberghe fils espère que le cri De la torture
Donnée à cette importante créance arrivant jusqu'au Roi,
son cœur paternel ne pourra manquer D'en être ému, et que
Sa justice ordonnera une révision de cette affaire.

Déjà M. Vanterberghe a consulté Me. l'homme de loi
Délagarde, sur la requête en recours gracieux et sur
l'expédié à Déposer au pied Du Trône.

A-t-on payé à M. Vanterberghe ce qu'on lui Devait?
Non.

Comment a-t-on pu s'en Dispenser?
A l'aide D'une fin De non-recevoir, ne trouvant
rien à opposer à la justice, Deux fois reconnue, de presque
tous le fond.

Cette fin De non-recevoir était-elle réellement acquise
contre le munitionnaire et a-t-elle été justement appliquée?
Non : c'est ce qui sera Démontré.

Ainsi, en équité, on Doit toujours au munitionnaire
ce qu'on avait à lui payer, ce qu'on n'a pas voulu lui
payer quoique le lui Devant.

M. Vanterberghe en rendant compte de ce qu'il a
fait, comme héritier bénéficiaire, pour cette importante
créance, et Du résultat négatif De ses efforts, De ses
Dépenses, De ses Démarches, a le sentiment « D'avoir rempli
« son Devoir De sa qualité et D'avoir fait tout ce qu'il était
« humainement possible. »

Report.

_______________   _______________

à reporter   à reporter

(Report D'autre part.   (Report D'autre part. —

    L'espoir que cela sera reconnu par tout le monde,
et la justice De la cause De son père, ou le desir de parvenir de
répondre à l'attente Des Créanciers, sont les motifs qui
soutiennent son courage. Dans la continuation De ses
réclamations.

    La vérité et le bon droit Doivent finir par se faire
jour et obtenir justice avec le temps. L'intérêt De la
Défense, fait à Mr Vanlerberghe fils, un Devoir dont
peu d'expliquer Davantage à présent.

    Il reste dû aux préposés Du Service Des vivres De la
marine Cfs. 701,569. 32c par compte courant ou Décompte
suivant état.

    Et sur les billets De service applicable à ce Département
Cfcs 394,585. 01c n'ont pas été payés.

Cotes 3,4,25 à 43,287 De l'inventaire

Service
pour le Département De la Seine.
Subsistance pour les armées alliées.

    En 1815, l'Europe entière était levée contre l'usurpation.
Des armées De toutes les puissances étaient Dirigées sur la France.
    Déjà Des armées étrangères avaient pénétré jusques
Dans le midi.
    Bientôt, on vit D'autres corps nombreux De troupes
arriver Dans les Départements environnants celui De la
Seine.
    Et l'on était informé qu'incessamment toute une
grande armée allait inonder le Département De la Seine
et Paris, sans que pour cela les Départements circonvoisins
fussent évacués, tant ces armées étaient nombreuses.
    Quels allaient être les moyens de pourvoir aux
besoins de 200 mille hommes et de 80 mille chevaux Dans
le Département De la Seine et Paris, tandis que les
Départements voisins épuisaient Déjà leurs ressources pour
les nombreuses troupes étrangères à leur charge?
    Les habitants De Paris et De la Seine avaient
tout à redouter pour leurs personnes et pour leurs
propriétés.

L'Autorité

L'autorité, dans son anxiété, envisageait avec effroi l'énormité et l'urgence des besoins, en même temps que l'insuffisance des ressources.

Elle jeta les yeux, dans cette crise, sur Mr. Vanlerberghe père, que sa réputation justement acquise de capacité, d'expérience en matière de subsistance, lui présenta comme digne de sa confiance.

Mr. Vanlerberghe, malgré le Dégoût, le juste mécontentement et les embarras qu'il lui avaient laissé son service antérieur méconnu et les injustices nombreuses dont il se trouvait victime, malgré l'altération de sa santé produite par ses chagrins et ses longs travaux, se décida à répondre à l'appel et à la confiance de l'autorité.

Il consentit à se charger du grand fardeau qui allait peser sur le Département de la Seine, et à donner encore cette preuve de son patriotisme et de son Dévouement au Roi.

Le 5 Juillet 1815, Mr. le Préfet de la Seine, de l'avis du Conseil Général du Département prit un arrêté qui décida que " Mr. Vanlerberghe ferait, <u>à partir de ce jour</u>, en qualité
" de Commissaire ou Régisseur général aux Subsistances, pour
" et au nom de la ville de Paris, le Service des fournitures
" nécessité par la présence des troupes alliées dans la ville de
" Paris et dans l'étendue du Département de la Seine.

" Qu'il serait alloué à Mr. Vanlerberghe, <u>une</u>
" <u>Commission</u> de 5 p % sur le montant de la Dépense totale dudit
" Service par voie de régie, mode offert par Mr. Vanlerberghe,
" <u>sous la condition</u> de cette Commission et <u>accepté</u> par la Préfecture.

" que Mr. Vanlerberghe prendrait en sa dite qualité
" de Commissaire Général ou Régisseur, toutes les mesures
" qu'il croirait convenable pour assurer l'approvisionnement de
" l'armée en pain, viande, légumes, liquides, fourrages, bois
" et lumière, &ca.

" Qu'il serait remis à la Disposition de
" Mr. Vanlerberghe, soit en espèces, soit en valeur,
" la somme d'un Million par quinzaine pour

le

(Report d'autre part —

« le mettre à même de payer comptant le prix des objets requis,
« et de satisfaire, quant aux achats, à toutes les payements
« stipulés par ses marchés, &c &c.

« Qu'il requerrait, si le service de la Régie l'exigeait,
« les Employés des Diverses administrations pour les travaux les
« plus nécessaires.

« Qu'il se concerterait, en qualité de Commissaire de la
« ville de Paris avec les Intendants généraux des armées
« alliées pour arrêter un mode uniforme de Distribution, prévenir
« tous abus dans les Demandes et constater la remise des
« fournitures.

« Que les opérations D'achats, requisitions, réceptions
« et livraisons seraient constatées par trois Inspecteurs Désignés
« par M. le Préfet, &c &c.

« Que les Dépenses D'administration seraient arrêtées
« chaque mois par le Préfet, sur la proposition du Commissaire
« Général.

« Que M. le Commissaire général rendrait aux époques
« ultérieurement Déterminées, le compte de ses opérations qui
« seraient examinées par le Conseil général et arrêté par
« M. le Préfet.

Et, enfin, l'article 10 de cet arrêté répète ce qu'avait dit
l'article 1er sur le droit de Commission de 5 p%. — Ce
premier article portait qu'il serait alloué sur le montant De la
Dépense totale. — Et aux termes de l'article 10 « Il Devra être
« payé à M. Vanlerberghe un droit de Commission De Cinq
« pour cent Sur le montant De la Dépense totale des achats,
« constatés par le Susdit compte, et les frais D'administration reste-
« -ront à la charge De la ville. »

Pour concevoir une idée exacte De la gravité des
circonstances, De la position Dans laquelle on se trouvait et
Du Service rendu à cette époque par le Dévouement De M.
Vanlerberghe père, il suffit de jeter les yeux sur les considé-
-rants qui précède cet arrêté ; il porte :

« — Le Préfet du Département De la Seine, considé-
« -rant qu'il importe D'assurer par les moyens les plus
« prompts et les plus efficaces la subsistance des troupes alliées
« qui par suite De la Convention Du 3 Juillet, peuvent
« occuper le Territoire Du Département De la Seine et
« la ville De Paris.

« Considérant

(Réponse d'autre part)

(Réponse d'autre part)

« Considérant que l'état actuel des finances de la ville
» de Paris, n'offre aucune ressource qui puisse suffire, ni même
» aider aux dépenses qu'un pareil service peut entraîner &c »

Et cet arrêté dit ensuite, comme on l'a vu plus haut,
» que cependant ce service devait commencer à partir de ce jour,
» 5 Juillet 1815.

Le lendemain 6 Juillet, il fallait des vivres à une armée
immense (près de 200 milles hommes) et ce qui était plus
difficile encore à exécuter, il fallait distribuer des fourrages à une
cavalerie prodigieuse, à environ 80 milles chevaux. Le 6, des
distributions suffisantes furent faites et depuis le service fut continué
sans interruption mais avec des peines inouies.

Le Commissaire général ne jouit d'aucun délai pour
organiser son administration, pour combiner des dispositions étendues.

Les communications étaient alors interceptées, la
navigation interrompue.

Nul secours n'était à espérer, dans les premiers temps,
du cultivateur retenu chez lui par la présence des troupes, ni du
négociant effrayé occupé à garantir son domicile et à protéger
sa famille.

Mr Vanlerberghe père sut de multiplier, surmonter
les plus grands obstacles, créer des ressources inespérées, établir
un ordre admirable, prévenir les abus et le gaspillage et agir enfin
avec un talent tel qu'en très peu de temps, au milieu de la plus
énorme consommation de toute chose, on vit les denrées successivement baisser de prix, et l'abondance s'établir là où l'on se
croyait menacé d'une affreuse disette.

La méfiance ou la cupidité ferait-elle resserrer les
denrées à l'intérieur, soudain une centaine de vaisseaux sortis
des ports de l'étranger apportait par l'ordre et les soins
vigilants de Mr Vanlerberghe, la denrée dont on le croyait
à la veille de manquer et sur la rareté de laquelle l'égoïsme déjà
avait combiné des spéculations aux dépens des malheureux habitants
de Paris.

C'est ainsi que 103 navires sortis de divers ports
étrangers et naviguant venaient répandre en abondance
sur les Quais et les Rivières de Paris

(D'immenses …)

d'immenses quantités d'avoine, d'eau-de-vie, de Genièvre,
de Schiam, de Miel, de Lard, de bœuf salé, de beurre,
de fromage, &c&c. ce que ces précieuses Denrées expédiées au
nom, au crédit personnel de M. Vanlerberghe, ou laissé à
l'habitant de Paris, la faculté de trouver sur ses marchés
ordinaires et à prix raisonnables, sa Subsistance, celle de sa
famille et les fourrages nécessaires aux nombreux chevaux de
voitures de place, de charrettes à eau, &c&c, genre d'in-
-dustrie qui font vivre une classe nombreuse d'hommes qui
ne peuvent être entiers réduits à la misère.

À peine ces grands arrivages avaient-ils ramené
la confiance dans les esprits et produit l'abondance et la
baisse de prix dans l'opinion et dans la réalité, dans un
rayon quelconque de Paris, que M. Vanlerberghe
s'empressait d'assurer par de prompts achats à l'intérieur
les approvisionnements qui pouvaient garantir la continuation
de l'important service confié à son zèle et à sa haute expé-
-rience.

On a vu que contre toute attente et presqu'au delà
de ses espérances, il est parvenu à accomplir jusqu'au bout le
service le plus difficile qui ait jamais existé.

Ses besoins étaient toujours si considérables, les
consommateurs si nombreux, si pressants, si impérieux,
que l'économie paraissait impossible.

Tout avait une impulsion forcée; tout réclamait une
célérité extrême.

Dans l'arrêté du 5 Juillet, le service n'avait été
présumé devoir s'élever qu'à 2 millions par mois, il monta
à plus du double de cette évaluation dès ce même mois, et cela
non pas à cause du prix des Denrées, car au contraire M.
Vanlerberghe les fit baisser considérablement, mais à cause du
grand nombre de troupes sur lequel on n'avait pas compté.

C'était à une armée anglaise, à une armée des
Pays-bas, à une armée Autrichienne, à une armée Prussienne,
à une armée Russe, que le Commissariat des Subsistances
avait à pourvoir.

Chacune de ces armées avait des habitudes
Différentes et commandait un mode particulier
de

(Report d'autre part —

(Report d'autre part.
De distribution,

    Enfin, quelques grandes que fussent les difficultés de tout genre, le service fut fait avec l'économie la plus satisfaisante, avec l'ordre le plus parfait.

    Chaque jour le Commissariat était en mesure de présenter sa situation financière et administrative; et quand le service fut terminé, le Commissaire général fit procéder à l'examen rigoureux et à l'apurement de tous les Comptes particuliers.

    Peu de mois après il remit à la Préfecture, la comptabilité générale du Commissariat et la justification de toutes les opérations avec 113,287 pièces, 24,522 bons de réquisition, 74 Bordereaux, les journaux, registres, livres et correspondances à l'appui: Il y joignit même un compte moral.

    Cette grande Comptabilité a été soigneusement vérifiée à la Préfecture et on n'a trouvé que des éloges à donner à M. Vanlerberghe.

    La loi du 28 Avril 1816 avait institué dans chaque Préfecture de Département, une Commission pour la liquidation des dépenses de l'occupation militaire de 1815.

    La Commission instituée dans la Préfecture de la Seine prétendit pouvoir réduire à une somme très modique, la Commission de 5 p% promise à M. Vanlerberghe par l'arrêté du 5 Juillet 1815.

    Elle appuya principalement cette prétention sur ce que le service s'était élevé à une somme bien supérieure à son importance présumée avant son commencement et sur un consentement que M. Vanlerberghe père aurait donné de s'en rapporter à l'arbitrage et à la loyauté de M. le Préfet pour régler sa Commission.

    Elle prit une délibération dont M. Vanlerberghe fils ne reproduit pas ici tous les motifs, attendu que la discussion est pendante à ce sujet devant le Conseil d'État et qu'en ce moment on est encore occupé de part et d'autre de la rédaction des mémoires ampliatifs à cette occasion.

    Le 13 Novembre 1821, M. le Préfet de la Seine a pris

(Report D'autre part .   (Report D'autre part _ —

a pris un arrêté approbatif de la Délibération De la dite Commis-
-sion et par lequel le droit de Commission a été considérable-
-ment réduit .

M. Vanlerberghe fils s'en pourvu , dans les Délais
voulus , contre ces arrêtés , au Conseil D'État , par le ministère
De M. Scribe , avocat .

Son pourvoi a été suivi D'un premier mémoire
ampliatif .

L'avocat Delaville y a répondu seulement le 17
Octobre Dernier .

La réplique de M. Vanlerberghe fils se rédige
en ce moment .

Quand le bien est fait , le succès obtenu , le mal
prévenu , on oublie facilement le service , et tout ce qu'il en a
coûté D'opeine et De soin .

A d'autre époque , M. Vanlerberghe père avait
Déjà fait cette triste expérience .

Quand cette commission fut promise , on était loin de
la considérer comme une trop forte indemnité pour les difficultés ,
les Dangers qu'on prévoyait , la responsabilité Dont M.
Vanlerberghe se chargeait , pour le bien qu'il allait faire , le
mal , le pillage , les exécutions militaires qu'il allait prévenir
et épargner aux habitants De Paris .

Cinq années S'écoulent : on examine , on Discute , on
trouve les comptes justes et en règle ; on est satisfait De la
gestion .

Il S'agit De payer la Commission Stipulée : le temps
a atténué le Souvenir De la gravité des circonstances , le prix
Du service n'a plus son poids , et le Tableau Des Désastres
Dont la capitale était menacée , et que ce service a prévenus ,
ne frappe plus à cause De son éloignement .

On marchande sur le paiement D'un droit acquis ;
on ne considère plus que la quotité De la Somme réclamée ,
on perd De vue la contre-valeur retirée D'un service auquel
se rattachaient de si grands intérêts publics .

M. Vanlerberghe fils espère que la Décision du
Conseil d'État sera favorable : du moins la Défense sera
complette .

N'ayant en sa qualité De bénéficiaire
rien

(Report d'autre part.)   *(Report d'autre part —*

rien voulu toucher De la faible Somme accordée par M. le
Préfet, pour ne pas compromettre la défense contre son arrêté,
M. Vanterberghe n'a encore rien à porter ici en recette De
ce chef.

Cote 5 De l'inventaire

Cotisation Municipale.

M.r Vanterberghe fils a fait en temps utile les
Diligences convenables pour obtenir le remboursement
De la cotisation de feu M.r Vanterberghe à l'emprunt fait
par la ville de Paris en 1814 pour les frais du séjour des
Troupes alliées (400.f)

Ce remboursement, frappé D'opposition, n'ayant pas
encore été effectué M.r Vanterberghe n'a encore rien à porter
en recette De ce chef.

Cotes 6 et 18 De l'inventaire

Divers Débiteurs inconnus ou insolvables.

1.° Deux bons Edward Edwards Des 3 et 13 Juin 1817
de 240.f et 160.f Ensemble _______________________ 400. "
prêté par feu M.r Vanterberghe.

M. Vanterberghe fils a fait D'inutiles recherches
pour Découvrir le s.r Edward Edwards qui paraît être un
Anglais insolvable et ne résidant pas en France.

2.° Reconnaissance D'un s.r Capel, Du 16.e Juin
1810, De _______________________________________ 50. "

Ce Débiteur est inconnu et a été introuvable.

3.° Reconnaissance souscrite le 13 Avril
1808, par un s.r Coutant, De _____________________ 1,000. "
à lui remis par feu M. Vanterberghe pour le compte
D'un s.r Advenir.

Nuls renseignements n'ont pu être encore
obtenus à ce sujet.

Report d'autre part.   Report d'autre part —

4° Reconnaissance d'un Sieur Maréchal Lagroy, datée du 9 messidor an 11, pour une somme de Deux cent francs, ci ——————————— 200.ᵗ
à lui prêtée par feu M. Vanlerberghe.

Il a été impossible de découvrir la résidence de ce Débiteur qui n'est ni le sieur Maréchal agent en chef des vivres à Metz ni Maréchal ancien garde magasin à Luxembourg.

5° Reconnaissance d'un Sr Pareus, du 21 frimaire An 8, portant qu'il devait à feu M. Vanlerberghe —————————— 1500.
Point de renseignements encore sur ce Débiteur.

6° Reconnaissance par un Sr Daubigny, du 28 fructidor an 8, d'un prêt à lui fait par feu M. Vanlerberghe, de ———————— 1,200.
Ce Sr Daubigny est inconnu.

7° Reconnaissance d'un Sr Poulain, du 18 prairial portant qu'il devait à feu M. Vanlerberghe 8,000.
Ce Sr Poulain est mort insolvable.

8° Reconnaissance datée du 21 Juin, sans indication d'année par une Dame Cte Polard, portant qu'elle devait à feu M. Vanlerberghe —— 500.
Il n'y a rien à espérer de cette Débitrice.

9° Titre et note sur une somme de ——— 300.
Due par un Sr Ballex.
Il a été impossible de se procurer des renseignements sur ce Sr Ballex.

10° Idem sur une somme de ——— 324.60
Due par un Sr Maille.

11° Billet souscrit par un Sr Précieux à Gand, du 1er Janvier 1807, au profit de feu M. Vanlerberghe, d'ensemble ——————————— 31,100.
M. Vanlerberghe fils a pris des informations sur ce Débiteur; il a écrit à Gand et il résulte de ces informations que ce Débiteur est mort insolvable.

à reporter.   à reporter —

(Report d'autre part.   (Report d'autre part) —

Cote 8.

(Relative au Bilan, Contrat d'union et Jugement d'homologation).
Le compte rendu ci-dessus de l'affaire de la Marine, et les renseignements et explications qui seront fournis ci-après sur les autres affaires, se rattachent également à cette Cote.

Cotes 9, 10, 11, 12, 257, 274 à 278, 284)

(Relatives à des actes de décharge, à des quittances d'appointements et d'honoraires, &a), ne peuvent donner lieu à aucune mention dans le compte bénéficiaire).

Cotes 13, 268, 269, 270, 271, 272, 273,

(Relatives à la créance du Sr. Séguin.

Par arrêt contradictoire du 27 février dernier, la Cour Royale de Paris, 2me Chambre, a condamné M. Vanlerberghe fils, en sa qualité d'héritier bénéficiaire seulement, et M. Ouvrard, par corps, et les Commissaires des Créanciers de feu M. Vanlerberghe et de Mr. Ouvrard ès-noms, à payer de nouveau et à titre de garantie due au sieur Séguin, une somme de f 1,670,484. 40c déjà payée une fois à sa décharge et sur sa réquisition au Trésor public, le 20 mai 1812, ensemble les intérêts à raison de 5 f % l'an à partir de cette époque).

Un autre arrêt contradictoire du 12 mai suivant, rendu entre toutes les mêmes parties, a infirmé un jugement de 1ere instance qui avait homologué le contrat d'union avec le sieur Séguin, relativement à la Créance ci-dessus.

Cet Arrêt ayant été rendu à la suite de longues et nombreuses plaidoiries de Me Tripier pour le sieur Vanlerberghe, fils, héritier bénéficiaire; de me Bonnet, pères, pour le Sr Ouvrard et de Me Dupin, pour Mrs Marteau et Séveune, Commissaires des Créanciers; et de mémoires imprimés ayant en outre développé les points de discussion et de droit de cette affaire, et ces mémoires pouvant être ci-annexés, Mr Vanlerberghe fils se croit dispensé d'entrer ici dans des explications détaillées qui seraient extrêmement longues)

(Cependant, vu la gravité des conséquences de cet arrêt, et des énormes prétentions que le sieur

Séguin

à reporter.   à reporter)

(Report d'autre part.)   (Report d'autre part —

Séguin vient d'élever encore tout récemment, Mr. Vanlerberghe
fils ne peut s'empêcher de dire un mot sur l'origine, la nature
et les progrès de la créance du Sr Séguin.

L'origine des relations de MM. Vanlerberghe et
Ouvrard avec M. Séguin remonte à l'an XI et l'an XII.

Par suite de conventions faites alors, Mr. Séguin,
prêta sur gages f. 681,700, à l'intérêt modique de 1 ½ p%
par mois, soit 18 p% l'An.

À la fin de l'An XII, au moyen de f.co 1,370,000 rem-
-boursements effectués par MM. Vanlerberghe et Ouvrard, le prêt
du Sr Séguin, se trouvait réduit à ————— 3,311,300 f. "   3,311,300. "

Il donna un crédit en acceptation de ————— 5,544,000. "

1ère Opération.   8,855,300 f. " — 8,855,300.
Au 18 Messidor An XIII, MM.
Vanlerberghe et Ouvrard lui avaient payé sur cette
1ère opération ——————————— 9,994,600. "

Excédant payé à Mr. Séguin ——————— 1,139,300. "

Savoir :
933,782.75 pour intérêts à 1 ½ p% par mois
205,517.25 À valoir sur son droit de commission
——————— de 1 p%
f.co 1,139,300 f. "

Comme Mr. Séguin, qui avait signé conjoin-
-tement avec MM. Vanlerberghe et Ouvrard
le traité pour le Service du Trésor en l'an XII
et l'An XIII, prétendait un droit de commis-
-sion de 1 p% sur toutes les Ordonnances
et l'intérêt à raison de 1 ½ p% par mois
sur le montant de la somme de ces Commissions,
le 10 Janvier 1806 un compromis fut passé
entre lui et MM. Vanlerberghe et Ouvrard,
par lequel M. Chagot fut nommé arbitre
Souverain.

Ces

à reporter ——— 1,139,300 f. " — 1,139,300. "

Report d'autre part.   Report d'autre part
                    Report d'autre part —   1,139,300 f.

Les arbitre alloua à Mr. Séguin :
2,457,951 . „   pour Commission à 1 f %.
et 1,753,605. 36   pour intérêts de d°. à 18 f % l'an ;
                    soit 1 1/2 f % par mois capitalisés
                    de mois en mois

fs. 4,211,556. 36   Ensemble

2ème Opération.
        Le même jour 10 Janvier 1806, Mr.
Séguin avait prêté :
2,500,000 . „   Espèces ou acceptations de Mr.
                    Vanlerberghe
1,409,016. 78   lui ont été payés à valoir

1,090,983. 22   ci   Restait dû mais à déduire de
                    l'excédant ci-Dessus   1,090,983. 22

        Ainsi, tous capitaux remboursés à M. Séguin
avait encaissé un excédant de   48,316. 78

        Appel de l'arbitrage Chagos.
Arrêt Du 9 Mai 1807 qui annulle dans cet
arbitrage un chapitre de 1,249,450 f. „ alloué
pour l'arbitre ultra petita
        30 Décembre 1807, Dépôt de Bilan
par Mrs Vanlerberghe et Ouvrard poursuivis
et contraints par Mr. Séguin, pour résultat
de l'arbitrage chagos et de l'arrêt Du 9 Mai
1807.
        26 Octobre 1808, Contrat D'union —
12 Janvier 1809, homologation. — 10 Février 1810,
Rapprochemens avec Mr. Séguin. — Trois
transactions sont passées, un compte présenté par
Mr. Séguin, admis Dans son entier. Les
Commissaires Des Créanciers y donnent leur
approbation.
        Dans ce compte, le sr Séguin fait entrer
non seulement les 4,211,556. 51 de l'arbitrage
Chagos, quoique l'arrêt de 1807 ait annulé
F. 1,249,540 „ mais il y ajouta encore 50,030. „
de Commission
                                    Et
                    à reporter —   48,316. 78

à reporter   à reporter

Repon d'autre part.   Repon d'autre part.

                              Repon d'autre part —   48,316. 78

Et M. Séguin fait entrer dans ce même
compte Ffco 6,735,200. 95 pour Solde d'intérêts
en sa faveur au 10 Février 1810 à 18 p% l'an —

Et ce compte Sommé à 12,036,235-61 balance
en fin audit jour, par ——— 11,461,416. 87 en faveur
de M. Séguin.

Conçoit-on ce prodige que, remboursé
de tous ses capitaux, comme on vient de le
voir, ce même ayant touché un excédant de
48,316 f 78 c. — Mr. Séguin Soit parvenu à se
créer un Solde en sa faveur au 10 Février 1810 de
11,461,416 f 87 c. et que ce solde ait été admis.

M. Vanlerberghe fils, en Dressant
un tableau de réduction à 6 p% l'an, à partir
de la loi de Septembre 1807, a prouvé à la Cour
Royale, une Différence ou préjudice opéré dans
le compte Séguin, de Ffco   2,062,085. 95
non compris les ————   1,249,540. 61
annulés par l'arrêt de Mai 1807 et les intérêts
d'iceux porté ensemble en compte par Mr Séguin.

Les Transactions de février 1810, ont
promis à M. Séguin, outre l'excédant de
48,316-78 de lui payer ————————   1,670,484.40

Elles lui ont abandonné de plus à forfait
et à ses risques et périls, en paiement de ses
prétentions, pour sa Commission à 18 p% et
intérêts De tous ces intérêts, aussi à 18 p% l'an,
capitalisé de mois en mois, De valeurs sur
l'Espagne pour un Capital de ——————   9,500,128. 85

Elles lui ont Délégué aussi, à prendre
et recevoir de Mrs. Drouilhet & Cie à Madrid   230,484. 40
                                                    —————————
Excédant profitant à M. Séguin, tous
ses capitaux remboursés ——————————   11,449,414 f 43
                                                    =============

non compris 5 millions D'intérêts à réclamer
par lui de l'Espagne sur les valeurs cédées à forfait.

Les 1,670,484 f 40 c promis par les transactions ————
                                                    De

De Février 1810, ont été, comme on l'a dit, versés au Trésor
à la décharge du sieur Séguin d'après sa propre soumission,
et cependant les arrêts de Février et Mai 1823, ont rendu
M.rs Vanlerberghe et Ouvrard et les Commissaires des
Créanciers ès-nom passibles d'un second paiement à titre
de garantie.

La multitude des procès faits par le Sieur
Séguin à M.rs Vanlerberghe et Ouvrard, ceux qu'il a
intentés à l'héritier bénéficiaire, les travaux, les instructions,
les recherches, les démarches, auxquels l'héritier béné-
-ficiaire a dû se livrer, seraient trop longs à énumérer ici

Chaque Semaine, de nouvelles tracasseries
du S.r Séguin sont venues entraver les travaux impor-
-tants de M. Vanlerberghe fils pour la liquidation.

Obligé de faire face en même temps et de tous
côtés, il s'est, pour ainsi dire, multiplié ; il a défendu avec
vigueur contre les prétentions usuraires et exorbitantes
du sieur Séguin. Le Succès n'a pas couronné ses justes
efforts et ceux de M.rs Tripier, Bonnet et Dupin ; mais
il sera facile de se convaincre à la lecture des mémoires
et même des arrêts, que M. Vanlerberghe fils, en sa dite
qualité bénéficiaire, a donné les plus grands soins
à la défense.

Au Surplus, par le Ministère de M.e Scribe,
Avocat à la Cour de cassation, Monsieur Vanlerberghe
fils, en sa dite qualité, M.r Ouvrard et M.rs les Commis-
-saires des créanciers ès-nom, se sont pourvus en cassation
contre ces deux arrêts et ce pourvoi sont pendants.

Mais voici que M. Séguin cumulant prétentions
sur prétentions, par exploit du 13 du présent mois de
Janvier, introduit une nouvelle instance à l'effet de faire
prononcer la Déchéance du forfait des transactions de Février
1810, et de devenir créancier de la totalité des créances
réglées à forfait par ces transactions en valeur sur l'Espagne,
comme la résolution de ce forfait devant avoir lieu à
cause de non paiement de 1,670,484 f. 40
Nouveaux embarras et soins, nouvelles
Dépenses pour l'héritier bénéficiaire dans la
                                        Défense—

(Report. D'autre part.   Report D'autre part

Défense à suivre, tourments de tous les jours, sans qu'il soit
possible d'en prévoir le terme.

Les Côtes 14, 15, 16 et 17

relatives à des effets en mémoires acquittés, quittances consul-
-tation et une contestation cessée du vivant de Mr. Vanler-
-berghe, ne comprennent que des pièces de renseignements
étrangères au Compte bénéficiaire.

Côtes 9 et 19
Relatives au sieur Paulée.

Sa créance qui était de frs 1,150,540.36 pour
résultat du service pour l'approvisionnement de réserve
de Paris, a été réduite par arrêté de compte du 20
Février 1819 à 958,938.76. Sur le surplus de ses
prétentions, le sr. Paulée a donné décharge à feu Mr.
Vanlerberghe, le 21 mars de la même année et 12 Juin
1807.

Côtes 20, 21, 22, 23, 24,

sont relatives au Comité de Subsistance établi le 6 avril
1814, par Mr. le Commissaire par intérim du Département
de l'Intérieur — ce dit Comité composé de MM. Vanler-
-berghe, Montessuy et Maën, pour la Subsistance des
armées alliées. — Ce service peu considérable, fait par
voie de régie et gratuitement par les dits membres du Comité,
sans allocation de Commission, ne laisse aucune réclamation
à faire par l'héritier bénéficiaire.

Côtes 207 à 215.

relatives aux affaires d'intérêt qui ont existé avec le trésor
public et connues plus particulièrement sous la dénomi-
-nation d'affaires des Négociants réunis.
Le 14 Germinal de l'An 12, une soumission fut sous-
-crite par Mrs. Vanlerberghe, Michel aîné, Michel jeune
et autres auprès du Ministre du trésor public, et acceptée pour une
rédition de dix millions de francs, et obligation des Receveurs
Généraux

_________________   _________________

à reporter   à reporter

Généreux, sous l'escompte de 3/4 p%0 par mois et payable :
30 millions en espèce à des échéances déterminées et 20
millions en ordonnance de vivres De la Guerre et de la Marine —
Le sieur Séguin ne signa cette Soumission que pour dix
millions.

Le même jour 14 Germinal An XII, Mr Séguin
fit un acte particulier avec Mrs Vanlerberghe et Ouvrard,
par lequel il leur abandonna, à titre de forfait, les bénéfices
qui pourraient résulter de cette opération.

De leur côté Mrs Vanlerberghe et Ouvrard
garantirent, par le même acte, Mr Séguin et promirent
de lui tenir compte de toutes les pertes de quelque nature
qu'elles soient que pourrait comporter l'exécution du
traité fait avec le Trésor.

Et ils disent : que le compte Des Dites pertes ou
bénéfices serait établi à la fin de l'opération et que dès
lors le résultat en serait exigible de part et D'autre.

Quant à l'exécution du Service ou de l'opération avec
le Trésor à laquelle le sieur Séguin Devait toujours concourir,
nonobstant la cession cidessus, Mrs Vanlerberghe et
Ouvrard lui promirent De lui faire constamment 5 jours
à l'avance de ses engagements, le fonds nécessaire à leur
acquit et ils lui consentirent une Commission de un
pourcent.

C'est cet acte De Cession De la part De Séguin et de garantie
De la part de Vanlerberghe et Ouvrard des pertes que pourrait
comporter l'exécution de ce Service de 50 millions qui a été la
première base De la garantie Demandée par Mr Séguin et
prononcée par l'arrêt du 27 Février Dernier pour la
1,670,484 f 40 Dont il a été parlé à l'article des Cotes relatives
au Mr Séguin — La transaction De Février 1810, ont été
la seconde base de cette garantie — On verra peut-être ensuite
qu'elle a été mal appliquée.

Le Service des 50 millions de l'An XII n'a
pas laissé De débet envers le Trésor dont le Sr Séguin
ait pu être passible et pour lequel il ait pu être recherché.

Au contraire, le trésor ou fin de compte De
ce Service liquidé à la fin de l'année a été Débiteur

Débiteur

à reporter.à reporter —

(Report D'autre part)   Report D'autre part

Débiteur de frs 552,014. 09 Dont le ministre Du Trésor n'a
fait raison, il est vrai, qu'en 1814.

Mais le sieur Séguin a perçu 300,000f De
Commission auxquels il a ajouté ensuite les intérêts de
cette commission avec ceux des autres à 18 p%/o l'an, cumulés
De mois en mois, ainsi qu'il a été expliqué.

Le même jour 14 Germinal An XII fut
encore passé un autre acte entre Mrs Vanlerberghe et
Ouvrard et le Sr Séguin, Simple acte de prévision Dans lequel
il fut convenu : que s'ils fesaient avec le Trésor pour le
service de l'An 13, un traité semblable ils prendront des
arrangements basés sur ceux énoncés ci-Dessus.

La Soumission pour l'An 13 envers le Trésor
ne fut passé que le 19 Prairial An 12.

Elle était Différente.

Elle eut lieu pour un Service de 150 millions.
C'était une opération de longs recouvrements sur les
contributions : 102 millions étaient à verser en espèce, 48
millions en ordonnances Des vivres.

M. Séguin fut solidaire pour le tout.

M. Michel jeune se refusa à signer la soumission
et à concourir à ce service, quoique par un acte quintuple
entre lui et les autres Dénommés précédemment, en date Du
14 Germinal An XII, il eut promis de ne pas se Désunir
pour l'An XIII.

Mais ce qu'il y a De plus remarquable Dans la
Différence, c'est que le 2e messidor An 12 le transport
et cession de ce service de l'An 13 fut fait à forfait à
Mr Desprez que cette cession qui avait été commandée par
le ministre, fut Souscrite aussi par le Sieur Séguin lui-
même, et qu'elle Stipulait un sacrifice en faveur de Mr
Desprez de Frs 1,500,000. en 1/8 p%/o de commission et 1/8
p%/o de perte sur l'Escompte anticipé.

On conçoit D'après cela qu'il n'a pas été possible ;
qu'il n'y a pas eu lieu, de passer pour le service de l'An 13 le
même acte De garantie envers le Sr Séguin, ni De cession de ce
un à Mrs Vanlerberghe et Ouvrard, que celui qui avait été fait
à l'occasion Du service de 50 millions de l'An 12. Il ne restait
plus De cession à faire à Mrs Vanlerberghe et Ouvrard
puisqu'elle était faite à Mr Desprez.

Aussi

à reporter .   à reporter

Aussi les arrangements qu'il avait été dit, par
l'acte de prévision le Germinal An XII, qu'on prendrait
avec M. Séguin, si le Traité de l'An XIII été fait
semblable, ne furent-ils pas pris.

Et malgré l'absence d'acte d'abandon pour l'An XIII
à Mrs Vanlerberghe et Ouvrard, l'arrêt du 27 février dernier
a étendu la garantie à ce service en faveur du Sr Séguin.

Les comptes du service du Trésor pour l'An XIII
furent balancés par des valeurs provenant du Service de
l'An XIV.

Le traité, pour le service du Trésor de l'An XIV,
fut passé le 17 Germinal an XIII. M. Séguin ne le signa
pas, n'y concourut pas, M. Michel jeune non plus.

M. Desprez, selon l'ordre du Ministre, resta
chargé de l'exécution, et par une lettre du 17 Germinal An XIII,
Mrs Vanlerberghe et Ouvrard convinrent de lui bonifier
une Commission de 3/16e p% sur le montant brut de toutes
les valeurs que le Sr Desprez recouvrerait du Trésor, de
même que sur la somme totale des rescriptions et traites qu'il
fournirait au Trésor.

Ils convinrent en outre d'une bonification en faveur
de M. Desprez de 1 p% par mois sur les fonds qu'il
verserait en compte courant.

Ce service du Trésor pour l'An XIV n'a eu que
54 jours d'exécution, il a été résilié par le Ministre, le
24 Brumaire An XIV.

Au grand étonnement de M. Vanlerberghe père,
parut inopinément un ~~projet~~ de décret de Bonaparte, du 6
février 1806, qui déclara les Négociants réunis débiteurs
de 87 millions envers le Trésor.

M. Vanlerberghe, l'un des Dits Négociants réunis,
était créancier du Trésor, comme munitionnaire général,
d'une somme bien supérieure; à supposer ce débet réel, il ne
s'agissait que d'une simple écriture de compensation jusqu'à due
concurrence; après quoi le Gouvernement au contraire serait
resté débiteur encore de sommes considérables.

Bonaparte ne voulut pas de cela; il

n'entendait

Report d'autre part.   Report d'autre part —

Report d'autre part —

n'entendais pas liquider la Colonne au crédit du munitionnaire, en même temps qu'il entendais l'obliger à payer la Colonne du débit.

C'était une espèce d'emprunt forcé ajouté aux grandes avances dans lesquelles on se trouvait déjà constitué.

Il fallut le soumettre : on solda les 87 millions

Le décret du 6 6 février 1806 lui-même fait voir qu'au nombre de valeurs au moyen desquelles on paya ces 87 millions, il y en eut une cession de fr 60,500,000 .. faite en traites ou acceptations du Gouvernement Espagnol ; les unes payables à Madrid, 24 millions, les autres payables dans les Colonies Espagnoles, 36 millions 500 mille francs, en piastres, prises par Bonaparte, à forfait, à raison de 3f.75 la piastre qui valait environ 5 francs.

Ces traites étaient le prix en partie d'avances de fonds, de fournitures de grains, de vivres, de munitions navales et autres, faites par Mrs Vanlerberghe et Ouvrard, au Gouvernement Espagnol, avec l'assentiment du Gouvernement Français. Elles rapportèrent à la France des droits considérables et qui soulagèrent les départements méridionaux de la France d'une grande quantité de grains médiocres. La balance du commerce et le Trésor public profitèrent de ces opérations. Le seul droit de sortie extraordinaire donna au Trésor un bénéfice de 4 millions.

Le 10 Mai 1806, un Traité particulier fut passé entre la France et l'Espagne, par lequel celle-ci s'engagea à payer au Trésor 3 millions par mois, du 30 mai 1806 au 31 Décembre, échéances différentes des traites

Et le Gouvernement Espagnol consentit, outre les traites, un nouveau nantissement de 8,522,351 f. de traites semblables et de 10 millions de piastres en traites

Ainsi la France en faisant novation, avait contre l'Espagne près de 60 millions de valeurs de plus en nantissement

Les Négociants réunis étaient donc libérés des fr. 60,500,000 .. dans les valeurs prescrites ès
cy

Report d'autre part.   Report d'autre part —
et exigée par le Gouvernement.

Cependant le 18 Février 1808 parut un Décret pour la revendication par Bonaparte D'autres engagements du Gouvernement Espagnol qui pouvaient se trouver entre les mains de tiers, et notamment de MM. Michel jeune et Séguin.

On résista à ce décret absurde et violateur du Droit de propriété; il n'eut pas D'exécution.

Pendant trois ans, Silence absolu. Bonaparte bouleverse l'Espagne — Il place son Frère Joseph sur le Trône.

Le 19 mars 1809, il fait rendre par le Roi Joseph, un décret qui déclare Dette essentielle de l'État Espagnol, ce qui restait à payer pour accomplir religieusement la convention Du 10 mai 1806.

Le 13 mai Suivant, un second décret du Roi Joseph, reconnaît de nouveau comme Dette publique et nationale d'Espagne envers le Trésor public de France, le reliquat de 24 millions de francs stipulé Dans la convention Du 10 mai 1806, De Divers mandats sur les Indes non acquittés, Dont le dit Trésor était porteur, &c.

La fixation de l'époque et conditions du paiement seront l'objet D'une convention particulière que nous proposerons à Notre Auguste Frère, &c &c.   Signé: Moi le Roi

Bonaparte recouvra près de fcs 48,000,000. sur les fcs 60 millions 500 mille francs.

Il eut recouvré le reste s'il l'eut voulu, ou pour mieux Dire il lui plut de ne pas imputer aux 12 millions restant les recouvrements qu'il fit de l'Espagne.

Il prétendu qu'il restait dû ——————— 6,493,506.70
sur les engagements mensuels de sa novation faite avec l'Espagne.

Et sur les Traites piastres montant à 9,821,475 piastres payables Dans les colonies et prises par lui à 3f75 — 1,525,242 piastres non payées faisant à cet taux ——————— 5,719,677.37

Ensemble ——————— 12,213,184.07

à reporter.   à reporter —

Report d'autre part. Report d'autre part

Cela ne pouvait concerner les Négociants réunis.

Il fit dresser le compte des Négociants réunis, en capitaux et en intérêts à 9 p% l'an jusqu'au 1er Septembre 1807, et à 6 p% l'an depuis cette époque, tandis que le munitionnaire qui était en avance pour les vivres, n'avait par le traité que 5 p% l'an.

Ce compte dans lequel le débit s'élève à fs 141,664,402.30 porte le crédit à une somme égale, moins 243,947.31 par le seul motif sans doute de se procurer le plaisir de faire figurer toujours les Négociants réunis comme débiteurs d'une somme quel-conque en capitaux quoiqu'il ne le fussent pas.

Car à la suite du même compte, dans le même volume, à la page suivante, il les crédite par contre de diverses sommes fesant 1,240,182 f 67 c dont il ne leur bonifie par les intérêts dû ; dans laquelle somme se trouve cepen-dant les 552,014.09 dû aux Négociants réunis depuis la fin de l'An XII, dont il a été déjà parlé.

Les Négociants réunis n'étaient donc pas débiteurs pour solde des dits 243,947 f 31 en capitaux, mais au contraire créditeurs de 1 million trop payé ou trop retenu sur eux.

Cependant, se basant sur cette étrange forme de compte et sur son caprice, Bonaparte rendit de son camp impérial de Schœmbrun, le 21 Juin 1809, un décret à jamais fameux dans les annales de l'arbitraire.

Le décret constitue les Négociants réunis Débiteur de 1°. ________ f.s 243,947.31
" pour laquelle somme ils n'ont fait aucun
" versement au Trésor."

On vient de voir si cela est vrai.
" 2° de ________ 12,213,184.07
" non recouvré sur les valeurs dont le trésor
" avait été nanti et dont les Négociants
" réunis n'ont pas cessé de rester garants, sans
" préjudice des engagements pris par le Gouvert.

Espagnol

à reporter ________ 12,457,131.38

à reporter à reporter

Report D'autre part.   Report D'autre part —
                                                12,457,131. 38
          Report D'autre part —
» Espagnol par le Traité du 10 mai 1806 ; le
» Dit engagement reconnu, renouvelé et
» garanti par le Décret de S. M. C., le 19
» Mars 1809, &ᶜᵃ !!
          » 3ᵒ. de la somme de —   7,384,832. 92.
» pour intérêts, &ᶜᵃ, à raison des traités sur
» les négociations pour les années XII, XIII,
» XIV, &ᶜᵃ.
          Et l'An XII avait été réglé en solde
par 552,014. 09 en faveur des Négociants
réunis.
          Et l'An XIII balancé par le service
De l'An XIV.
          » 4ᵒ. des intérêts échus et à échoir
» jusqu'au jour du paiement sur les Capitaux
» domicil. sous Débiteur et sur ceux dont il
» restent garants.

                    Ensemble —   19,841,964. 30

          Le 1ᵉʳ. Article de ces iniques Décrets, porte que la
Demande de joindre les comptes des opérations Des Trésor
avec ceux des munitionnaires pour les vivres de terre et de
mer, est rejetée.
          L'article 3, porte : « Notre Ministre Du Trésor
» fera poursuivre les Membres et associés des Compagnies
» pour les années XII, XIII et XIV, en paiement des sommes
» Dues au Trésor en principaux et intérêts, &ᶜᵃ ».
          Il n'y avait point eu de Dénonciation de protêts
pour les traites cédées.
          Bonaparte en avait reculé les échéances d'accord
avec l'Agent de l'Espagne, par un traité, sans participation
De la part des Négociants réunis. — Il s'était fait Donner
Des nantissements par l'Espagne pour son nouvel engage-
-ment.
          Il avait traité de nouveau et pour des termes subséquents
De paiements du capital et intérêts avec son frère le Roi
Joseph, après avoir envahi l'Espagne, après avoir eu à sa
Disposition les Caisses publiques Des Royaume, après avoir
fait déclarer les reliquats Dette publique et nationale de l'Espagne.

______________________   ______________________
          à reporter.   à reporter —

     (Report d'autre part).

Il lui avait plus de réserver 1,500 mille piastres
environ en traites pour une expédition qu'il méditait contre
St Domingue, au lieu de les envoyer au recouvrement avec
les 8 millions 300 mille piastres environ qu'il recouvra. — Il
voulut que ses frégates touchassent à la Vera-Cruz, lors
de cette expédition, pour recevoir le montant de ces 1,500
mille piastres par lui négligées, afin d'épargner les
faibles frais de recouvrement sur cette partie dont la maison
Hope et Cie d'Amsterdam lui avait offert de se charger.

Et, contre tous les principes en matière de garantie
sur lettres de change, il constitua garants et débiteurs
les Négociants réunis depuis 3 ans libérés en décharge
de leurs signatures à ce traité prise à forfait.

En plein Conseil d'État de février 1806, il s'était
vanté d'être le meilleur financier qu'il y eut en achetant
à 3f 75c par piastre, 10 millions de piastres.

On crut que ce décret inique ne recevrait jamais
d'exécution.

Mr Séguin le croyait aussi bien que les autres
Négociants réunis.

Car se rapprochant le 10 février 1810, armé de son
compte de 12 millions dont il a été parlé, en fesant les
transactions avec MM. Vanlerberghe et Ouvrard, en
présence des Commissaires des Créanciers dont il a aussi été
fait mention, il n'eut pas la pensée de proposer la garantie
des poursuites dont le décret du 21 Juin 1809 le menaçait.
Le décret existait, il était assez important pour le mentionner
aussi que la garantie dans ces transactions, si MM. Vanlerberghe
et Ouvrard et MM. les Commissaires eussent entendu donner
cette garantie.

Si elle eut été proposée, elle aurait été refusée et les
transactions n'eussent pas eu lieu si Mr Séguin eut insisté
pour qu'elle y fut comprise.

Et cependant c'est en conséquence du paiement
fait à la décharge, pour Mr Séguin poursuivi en
vertu du Décret du 21 Juin 1806, que MM
Vanlerberghe et Ouvrard ont été jugés le 29

(Féminin)

Report d'autre part.   (Report d'autre part. —

Dernier-Dernier par la Cour Royale garante de 1,670,484 f. f. pour les
intérêts envers M. Séguin.

Certes, la garantie promise par l'acte de Session du 14 Germinal
An XII ne pouvait s'étendre ni comprendre un Décret du 21 Juin
1809, et la Transaction de Février 1810 ne parlèrent pas de ce
Décret.

Postérieurement aux transactions de Février 1810, tous les
Négociants réunis furent poursuivis et incarcérés en vertu du Décret
de Juin 1809 : Ils éprouvèrent une longue Détention.

En 1812, M. Séguin souscrivit formellement en faveur
du Trésor à un jugement qui le condamnait à payer au Trésor
les 1,670,484 f. 40 saisis entre les mains de MM. Vanlerberghe et
Ouvrard, à valoir sur la contrainte de 142,213,000 f. du
Décret du 21 Juin 1809. — Cet acte de soumission volontaire à
l'exécution du Décret, était le prix de sa liberté et avait été imaginé
par lui par le motif qui va être expliqué.

M. Séguin avait donné en 1806 un crédit en acceptations à MM. Vanlerberghe et Ouvrard dont ils devaient
fournir le fonds aux échéances.

Une partie de ces acceptations avait été remise au Comité
des Receveurs Généraux, en compte courant et avait été
momentanément en Souffrance, pendant lequel temps des
Sentences avaient été obtenues contre tous les signataires, mais
depuis, ces acceptations avaient été payées par M. Vanlerberghe
au Trésor à qui le Comité des Receveurs Généraux les avait
remises.

M. Séguin espéra qu'en fesant imputer les 1,670,484 f. 40 c.
saisis par le Trésor chez MM. Vanlerberghe et Ouvrard, sur ses
acceptations, rentrant dans cette somme ensuite par l'action récursoire
qui lui appartenait de droit contre ces Messieurs, au sujet de
ce crédit d'acceptations, il n'aurait rien déboursé tout en ayant
ainsi concouru volontairement à l'exécution du Décret de
Juin 1809.

On ne put le Détourner de ce plan et il fut donc
à ces Messieurs le 18 mai 1812, la sommation de verser au Trésor
à sa Décharge.

Il fallut y obéir sous peine de résolution —

                                                              Du.

Du forfait de la Transaction de 1810?

On paya donc au Trésor le 20 Mai 1812. M. Vanlerberghe, prit ce jour des engagements vis-à-vis du Ministre du Trésor, acceptés au moyen desquels le Ministre déclara le Sieur Séguin crédité au Trésor, valeur de ce jourd'hui, à valoir sur la contrainte de 12 millions 213 mille francs du Décret du 21 Juin 1809. Et en vertu du Jugement rendu à ce sujet le 12, 21 Mars et 23 Avril 1811 ensuite de l'opposition ou saisie de l'Agent judiciaire du Trésor du 28 février 1811.

Le 28 mai suivant, le Sieur Séguin obtint, on ne sait comment, du Conseil contentieux du Trésor, contrairement à celle approuvée, prescrite et réglée par les Jugements exécutés, une imputation sur ces acceptations. (Elles étaient payées antérieurement par M. Vanlerberghe.) De la somme versée sur la contrainte de 12 millions du Décret.

À ce moyen, procès sur procès; enfin arrêt du 31 Décembre 1815 qui déclare cette imputation sur les acceptations nulle et vicieuse, les traites ayant été payées d'autres deniers de Monsieur Vanlerberghe, la seule imputation du 20 Mai bonne et valable sur la contrainte de 12 millions. Plusieurs arrêts subséquents ordonnèrent que les Traites ou acceptations seront biffées comme soldées et acquittées.

M. Séguin se pourvoit au Conseil d'État. Le 12 mars 1818, ordonnance royale qui rejette la requête du Sr Séguin par le même motif que l'arrêt du 31 Décembre 1815.

C'est alors que le Sieur Séguin suivit son action en garantie, soit à raison de l'acte de Cession et de prévision sous seing privé du 14 Germinal An XII, soit à raison des transactions également sous seing privé du 10 Février 1810, et qu'il réussit par l'arrêt du 27 février dernier à se faire garantir de l'effet de l'exécution du Décret de 1809.

On a déjà dit qu'à présent et tout récemment, faute du paiement de cette garantie, il prétend rentrer dans une énorme quantité de

Million

Millions non par Déboursé, car il n'en a pas en Déboursé d'un
Sol, mais en Commission ou D'intérêt, pour la résolution
Du paiement à forfait ou à des risques et périls, en valeur
D'Espagne.

Cependant la transaction, a reçu sa complète exécution
par le versement à sa Décharge au Trésor le 20 Mai
1812.

Le 28 Août 1810, Mr Michel jeune, l'un Des
Négocians réunis pour l'An XII seulement, aussi injustement condamnés par le Décret de 1809, a souscrit une
obligation de quatre millions en faveur du Trésor.

Sur Du procès de son frère contre lui, il fut reconnu
que Mr Michel jeune, qui avait reçu de MM
Vanlerberghe et Ouvrard pour dix à onze millions De
valeurs sur l'Espagne, sur la foi D'un versement par lui
opéré de 10 millions de france pour leur compte à Michel
aîné, ne lui avait versé qu'environ Six millions.

Il est vrai que Mr Michel aîné avait crédité le
compte de MM Vanlerberghe et Ouvrard de 10 millions
comme s'il les eut reçus de son frère, Cependant le Trésor
revendiqua de M. Michel jeune les quatre millions non
versés à son frère

Mais Mr Michel jeune ne paya au Trésor
qu'environ Douze millions, et dans cette somme se trouvent
compris des restitutions et Double emploi Directs entre
Michel jeune et le Trésor pour D'autres affaires.

L'héritier bénéficiaire n'a trouvé aucun acte
quelconque par lequel MM Vanlerberghe et Ouvrard auraient Donné garantie au Sieur Michel jeune pour raison
De sa signature au traité de l'An XII, Service soldé, et
Dont Mr Michel jeune a D'ailleurs justifié Dans le
temps au Ministère.

Au contraire par acte extra-judiciaire signifié
à Mr Michel jeune à la requête de MM Vanlerberghe
et Ouvrard, ces Messieurs ont fait leur réserve pour
ce non paiement De 4 millions à Michel aîné, mais
pour leur recours contre Michel jeune à l'occasion De l'engagement
contracté par lui envers le Trésor et pour le versement,

quid.

qu'il aurait effectué en conséquence?

Toutefois, Mr. Michel jeune a intenté un commen-
-cement d'action contre Mrs. Vanlerberghe et Ouvrard —
en remboursement des 2,000,000 environ. Il n'a pas
donné suite à cette demande; elle est pendante.

Mrs. Vanlerberghe et Ouvrard n'ont jamais exécuté
volontairement le décret de 1809.

Le Trésor a retenu et encaissé les ordonnances
des vivres en déduction du prétendu débet, sans le consen-
-tement du munitionnaire, sans avoir été requis sur les
ordonnances.

Mr. Vanlerberghe a constamment réclamé et lorsque
l'heureuse Restauration est arrivée, ses réclamations
ayant été en partie accueillies, une Ordonnance Royale
du 11 Novembre 1814, a fait apparaître un commence-
-ment de justice.

En réformant en partie, la rigueur du décret
de 1809, elle a ordonné que les intérêts ne seraient réglés
qu'à 5 p%o et qu'il serait procédé immédiatement dans
les divers ministères aux liquidations des services du
munitionnaire conformément à ses traités.

Mais elle a imposé pour condition aux adou-
-cissements ci-dessus, l'obligation aux Négociants réunis
de solder au Trésor, dans les trois mois suivants,
2,402,755.56.

De nouvelles réclamations furent faites; Mr.
Vanlerberghe présenta un mémoire pour se pourvoir par
voie de recours contre cette ordonnance, en se fondant,
entr'autres motifs, sur l'existence qui avait été inconnue
du traité du 20 Juillet 1814 entre les Deux puissances de
France et d'Espagne.

Par l'article 18 de ce traité, les Deux puissances
feraient une renonciation respective de leurs créances
et s'engageaient à se remettre mutuellement tous les titres,
obligations, &c.

Mr. représenta que c'était à tort que le décret du 21
Juin 1809, avait décidé que l'Espagne ne payant pas, on
pouvait exercer un recours contre les Négociants réunis.

Que cependant on leur avait fait payer

                                                                        ou

au retenu . en eux 12 millions en capital , comme garantie .

Que le Trésor devait leur remettre en conséquence les acceptations ou traites de l'Espagne , pour leur recouvr, ce dont le Trésor était empêché par l'effet du traité de 1814 entre les Deux Gouvernements .

Que le Gouvernement Français ayant ainsi com-pensé avec celui d'Espagne , avait reçu deux fois les 12 millions ; la compensation ayant été un second paiement .

Que conséquemment les Négociants réunis auraient le Droit d'exiger non seulement la remise des intérêts , mais la restitution des 12 millions , &c &c)

Une Commission Spéciale fut nommée pour réviser cette affaire : Elle fut présidée par M. Ravez — Elle reconnut la justesse des réclamations et l'injustice du décret .

Mais on ne voulut pas consentir à la restitu-tion des 12 millions — Il fallut y renoncer . Sur le rapport de cette Commission et du Ministre des Finances , une nouvelle Ordonnance Royale fut rendue le 12 Août 1818 , qui prononça que : " Toutes les sommes
" versées jusqu'à ce jour par les Négociants réunis , les
" munitionnaires Généraux et leurs ayant cause , ou tou
" autres à quelque titre que ce soit , en exécution du
" Décret du 21 Juin 1809 , sont acquises au Trésor Défini-
" -tivement et sans retour ."

Mais elle déclare : " Les Négociants réunis
" Déchargés de 5,107,397 585 formant le solde des
" intérêts calculés jusqu'au 30 Juin 1816 du Débet réglé
" par le Décret du 21 Juin 1809 et de tous intérêts posté-
" -rieurs relatifs à ce Débet . En Conséquence, leur compte
" à notre Trésor est et Demeure Définitivement clos et
" soldé , &c &c "

Elle dit aussi : " La valeur et titres retenus
" au Trésor en vertu de l'article 5 du Décret du 21
" Juin 1809 , seront rendus à ceux qui lui en ont
" fait la remise ; que des mains levées seront
" Données , &c &c

Elle dit

(Réponse d'autre part. (Réponse d'autre part

Elle Dit enfin : " Les Ministres seront procédé
" Dans le plus court Délai à la liquidation finale de ce qui peut
" être Dû aux munitionnaires Généraux ou à leur
" titulaire Marin et Français.

Que " Le montant Des premières ordonnances
" à provenir De cette liquidation est affecté, par privilège,
" et jusqu'à Due concurrence, au paiement Des billets de
" service, Des Décomptes et comptes courants pour raison
" Des Service Des vivres des terre et De mer et De
" l'intérieur.

Et " Les Ministres Des finances et De l'Intérieur,
" De la guerre et De la Marine sont chargés, chacun en
" ce qui le concerne de l'exécution de la présente Ordon-
" -nance.

Le Dernier compte des Négociants réunis
Dressé par le Trésor et annexé à l'Ordonnance royale
Du 12 Août 1818 présentait un excédent De capitaux,
en faveur Des Négociants réunis provenant Des versements
De 1,534,420f 74 au 30 Juin 1816.

Tous les versements restant acquis au Trésor,
pour ne pas restituer cette Somme non plus, elle fut
Déduite des 6,641,818.56 D'intérêts Dont le
Négociants réunis eussent Dû être Déchargés, ce qui a
fait que l'Ordonnance Royale n'a mentionné De
Décharge que pour 5,107,397f 85 D'intérêts.

D'ou il résulte que le versement au Trésor
forcé par M. Seguin a été inutile et en pure perte.

Et cependant on est condamné à le lui rembourser
à titre De garantie.

M. Seguin s'est pourvu au Conseil D'État
contre cette ordonnance Royale Du 12 août 1818, et
contre le rappel qu'elle fait du privilège Des billets De
service, Décomptes et comptes courants pour les Service
Des vivres.

Son pourvoi est encore pendant.
Ainsi, par l'effet Du Décret Du 21 Juin 1809 et
De la prétendue garantie Des Négociants réunis pour
l'Espagne, fs 13,747,604.81 ont été extorqués par
Bonaparte.

L'Ordonnance royale du 12 Août 1818, a refusé
la

à reporter. à reporter

la restitution de cette somme injustement prélevée; de laquelle M. Vanlerberghe ou ses ordonnances [comme munitionnaire], ont payé malgré sa résistance, près de 10 millions.

Il ne lui restait pour satisfaire les créanciers des services ou tous autres, que les débris de cette liquidation vivres de terre et de mer dont il n'a pu réclamer la suite que depuis l'ordonnance royale du 12 août 1818, puisqu'avant, à peine une ordonnance d'à-compte était-elle préparée, le Trésor s'en emparait et l'encaissait à valoir sur le débet supposé par le décret de 1809.

Des créances importantes restaient sur le Département de la marine aux termes des traités; au lieu de les liquider, le Ministre prononce, le 25 septembre 1819, une fin de non-recevoir qui mer au néant 13 millions.

Le Débet de 1809
avait englouti à M.
Vanlerberghe .... 10 Millions.

Voyant ainsi son actif privé de 23 millions environ, en présence des créanciers, des procès et des prétentions du sieur Séguin surtout et de quelques autres, il dût éprouver de grands chagrins.

Il avait rendu bien des services qui auraient dû lui mériter un autre résultat.

Celui-ci le fit descendre prématurément au tombeau.

Cotes 244, 248 à 256, 268, 274, 275, 286, 287, concernant les affaires d'intérêt qui ont existé entre Mrs Vanlerberghe et Ouvrard et le Gouvernement Espagnol; correspondance, comptes, &c &c y relatifs.

Les affaires de Mrs Vanlerberghe et Ouvrard avec l'Espagne se sont élevées à des sommes considérables Plus de 80 millions.

Elles remontent à 1804.

Leurs relations avec le Gouvernement Espagnol ont eu dans le principe pour premier objet le recouvrement des subsides de neutralité dont le Gouvernement français chargea M. Vanlerberghe et Ouvrard pour fr. 32 millions.

De là résulteront Diverses opérations de crédit, notamment une de 58 millions de Réaux de Vellon
avec la Caisse Royale de consolidation des Valès de Madrid
et le traité des 21 Octobre 2 et 26 Novembre 1804.
Ce qui Donna lieu à Divers comptes courants avec un
certain nombre de maisons de Banque de Paris et de
plusieurs places de l'Europe.

En l'An XIII M.rs Vanlerberghe et
Ouvrard furent chargés avec l'autorisation du Gouvernement
Français, de procurer à l'Espagne qui éprouvait une
grande Disette, Deux millions environ de quintaux de
grains.

Un million environ de quintaux de grains furent
exportés pour l'Espagne

Les Départements méridionaux de la France
en recueillirent un grand avantage.

Le Trésor public de France aussi par le Droit
extraordinaire De sortie qu'il perçut, en 4 millions de
francs environ.

Cette opération ne fut onéreuse qu'à M.rs Vanlerberghe
et Ouvrard à qui l'Espagne laissa environ la moitié des
grains achetés, la Disette ayant cessé.

Le Gouvernement Français autorisa aussi la
fourniture de vivres, de planches de cuivre, &c.a pour
la marine du Gouvernement Espagnol.

La pénurie des finances de l'Espagne nécessita
plusieurs opérations de virements ou de crédits pour le
montant de ces Diverses fournitures.

M.M. Vanlerberghe et Ouvrard furent chargés
aussi de négocier un emprunt en Hollande De 10 millions
de florins pour le Compte du Gouvernement Espagnol. —
Il fut ouvert chez la maison Hope et Compie d'Amsterdam.

Sans entrer ici dans des Détails qui seraient
immenses, il suffira D'exprimer que par un premier relevé
De Divers comptes, arrêté et fait Double à Madrid,
le 18 Novembre 1805, entre M. Ouvrard pour M.rs
Vanlerberghe et Ouvrard D'une part, et M. Espinosa
Ministre Ordonnateur De la Caisse royale des consolidations
des Valès, D'autre part, M.rs Vanlerberghe et Ouvrard
furent

seront reconnus créancier de fr 95,753,350.79), sauf à régler
ultérieurement à mesure de recouvrement des valeurs remises
par l'Espagne ou des traites tirées sur elle, avec stipulation
formelle d'intérêts réciproques à 1 p% par mois, cumulés
tous les trois mois.

Par suite, le 12 Février 1806, M.M. Vanlerberghe
et Ouvrard remirent leur compte courant et d'intérêts res-
-pectifs, audit Ministre Espinosa, arrêté au 31 mars 1806
et soldant alors en leur faveur par — F. 68,994,201 "16" 3 d"

Le Ministre Contador accusa réception de ce
compte et annonça que regardant comme superflu de faire
aucune observation, sur le détail par correspondance, il char-
-geait un agent à Paris de s'entendre avec M.M. Vanler-
-berghe et Ouvrard sur ce compte ; qu'une fois convenu
des bases qui devaient servir à leur règlement on procéde-
-rait immédiatement à la liquidation finale.

On ne put pas se mettre d'accord avec l'agent
du Ministre Contador sur le règlement définitif de ce
compte et il fut convenu que M. Ouvrard se rendrait à
Madrid pour en traiter directement avec le Ministre
Contador.

Mais comme Bonaparte exigeait que l'Espagne
se mit, sans délai, en mesure d'acquitter les fr 60,500,000
délégués par M.M. Vanlerberghe et Ouvrard, en exécution
du décret du 6 Février 1806, l'agent du Ministre Contador
profita de cette circonstance pour obliger M.M. Vanlerberghe
et Ouvrard à consentir une convention dans laquelle l'Espagne
était censée ne payer provisoirement qu'à titre de prêt
26,500,000 dans les 60 millions 500 mille francs, en
attendant le règlement définitif du compte ; mais, porte la
convention, cette déclaration ne doit porter préjudice ni à la
Caisse de consolidation, ni à la Compagnie Vanlerberghe et
Ouvrard.

Diverses dispositions accessoires à cette circonstance
furent prises dans cette convention.

Le 30 Novembre 1807 M.M. Vanlerberghe
et Ouvrard adressèrent à Monsieur le Comte de

Cabarrus

Cabarrus, alors Ministre Des finances à Madrid, la
Suite Des Comptes précédents sur lesquels n'était intervenu
aucun règlement, et ils Dressèrent cette Suite en forme De
compte De liquidation conformément à ce qui avait été convenu
le 18 Novembre 1805.

Le premier article De ce compte fut le solde De
68,994,201ᶠ 16ˢ 3ᵈ à eux dû au 31 Mars 1806, au débit
De l'Espagne.

Ensuite les rectifications Des Comptes précédents et les
paiements faits par MM. Vanlerberghe et Ouvrard Depuis
le 31 mars 1806.

Au crédit De l'Espagne, les paiements faits par elle
aux porteurs De ses engagements ou acceptations, Dont on
n'avait eu avis que Depuis le 31 Mars 1806, y compris
29,300,000 alors par elle versés au Trésor à valoir sur
les 60 millions 500 mille francs.

Les intérêts De part et D'autre.

En résumé l'Espagne n'était plus Débitrice pour
Solde au 30 Novembre 1807, que De £ 11,325,940ᶠ 12ˢ.

A leur lettre au Ministre Cabarrus, MM.
Vanlerberghe et Ouvrard joignirent l'ensemble De toute la
comptabilité précédemment Subsistante et annoncèrent l'in-
-tention De créditer ultérieurement l'Espagne Des versements
Successifs qu'elle continuerait De faire au Trésor jusqu'au
complément Des francs : 60 millions 500 mille francs.

Le même jour, MM. Vanlerberghe et Ouvrard
adressèrent le même compte à Mr. D'Urquijo, Ministre
Secrétaire D'État D'Espagne.

Et ils firent un semblable envoi à Mr. D'Azanza,
Ministre Des Indes.

L'héritier bénéficiaire n'a point trouvé De réponse
ni D'objection.

Les circonstances particulières à MM. Vanlerberghe
et Ouvrard et les événements politiques retardant encore le
voyage à Madrid De Mr. Ouvrard, MM. Vanlerberghe
et Ouvrard, pour continuer à apporter la plus grande
régularité et toute la clarté Désirable Dans cette grande
comptabilité, établirent le 30 Septembre 1808, une

Suite

(Report d'autre part)   (R) Report d'autre part —

Suite du compte de liquidation.

L'Espagne y est débitée de £ 41,325,490 " 12 ⁵
Solde au 30 Novembre 1807. Plus, de — 130,314. "
Divers paiemens faits par MM. Vanlerberghe et Ouvrard et
Des intérêts.

Elle y est créditée de 250,824 pour rectification
ou omission du Compte précédent, plus Des intérêts.

En résumé, le solde en faveur de MM. Vanlerberghe
et Ouvrard se trouve élevé au 30 Septembre 1808, à
45,555,258 " 16 ⁵.

En Novembre 1809, MM. Vanlerberghe et Ouvrard
établirent un nouveau compte de liquidation, fesant suite au
précédent.

Il ne s'y trouve au Débit de l'Espagne que le
Solde du compte ci-Dessus et les intérêts.

Tandis qu'au contraire il y a pour £ 22,810,565. 19 ⁵
De Capitaux à son crédit, Savoir : — 18,986,815. 19
se versement au Trésor complétant les 48,286,815 19 seulement
versés par elle sur les 60 million 500 mille francs

Et — 3,823,750, relatifs à 1 million de piastres
payé pour elle à M. Desprez qui était porteur de ses
traites.

Plus les intérêts à son crédit.

En résumé, le solde en faveur de Messieurs
Vanlerberghe et Ouvrard en Dans ce compte de £ 27,373,433 " 7 ⁵
au 31 Décembre 1809.

Ce compte, ainsi que celui précédent (au 30 Septembre
1808) furent remis par MM. Vanlerberghe et Ouvrard
le 29 Novembre 1809 à M. Cabarrus père et fils
jeune à Bayonne, fondé des procurations de l'Espagne pour
l'examen et le règlement De la Comptabilité subsistante avec
MM. Vanlerberghe et Ouvrard.

Et pour mettre ce fondé de pouvoir Du
Ministère Espagnol en état de bien connaître et vérifier
l'exactitude De tous leurs comptes, Messieurs Vanlerberghe
et Ouvrard joignirent à leur lettre du 29 Novembre
1809 un état général en quatre Tableaux de toutes les
sommes reçues De l'Espagne, avec Désignation de celles
remises Dans les Comptes produits au crédit
De l'Espagne, de celles non recouvrées et restant à payer
par l'Espagne, non portées conséquemment à leur
crédit, avec indication Des porteurs.

À reporter.

Détenteurs, plus un état récapitulatif des capitaux et intérêts, tant au Débit qu'au Crédit, dans tous les comptes fournis. Depuis un compte ceux-ci arrêtés au 31 mars 1806, jusque et compris le compte de liquidation arrêté au 31 Décembre 1809.

Les embarras du Gouvernement Espagnol, ou peut-être des intentions secrètes, s'opposèrent à ce que MM. Caburrus père et fils jeune, pussent s'occuper du règlement tant sollicité par MM. Vanlerberghe et Ouvrard.

Un frère de Bonaparte se trouvait, mais avec gêne, assis sur le trône de Charles IV. Et comme on l'a vu dans l'analyse de l'affaire des Négociants réunis avec le Trésor de France, un décret impérial de la même année 1809, 21 Juin de Schœmbrun, avait constitué fort injustement MM. Vanlerberghe et Ouvrard et les autres Négociants réunis, garants du non paiement par l'Espagne de 12,213,184 f. manquant au complément de 60,500,000 f. malgré la prise à forfait des prêtres à 3f.75c, malgré le défaut de protêt et de dénonciation aux cédants des traités, malgré les novations faites hors leur présence par le consentement à d'autres termes de paiement, malgré la reconnaissance par le Roi Joseph, du traité de novation, de son prédécesseur Charles IV, et malgré les nouveaux traités du Roi Joseph lui-même pour de nouveaux termes et délais. Et malgré des deux déclarations par décrets royaux, de Dette publique et nationale d'Espagne pour ce qui restait à payer en faveur du Trésor de France.

Après avoir subi une longue et injuste détention, en vertu du Décret de 1809, les procès de M. Séguin qui n'avaient pas même été suspendus pendant leur captivité exigèrent de MM. Vanlerberghe et Ouvrard tous leurs soins pour y défendre.

L'état des choses publiques en France ou en Espagne imposait l'obligation de garder un prudent silence. Quand la Restauration fut venue et quelques[?] de grandes peines les Ordonnances royales

(Report d'autre part —

(Report d'autre part .

royale des 11 Novembre 1814 et 12 Août 1818 eurent
déterminé le sort des Négociants réunis en une fin au
compte Débiteur ouvert au Trésor, Messieurs Vanlerberghe
et Ouvrard s'occupèrent de leur compte avec l'Espagne
et le compte de liquidation fut continué jusqu'au 30
Septembre 1819

    La maladie et ensuite la mort de M. Vanlerberghe
père suspendirent les démarches auprès du Gouvernement
Espagnol

    Un Décret des Cortès ayant fixé le 30 Juin pour
terme fatal pour la production à la Junte du crédit public
De Madrid de tous les titres de Créances sur le Gouvernement Espagnol, M. Vanlerberghe fils, comme habile
à se porter héritier et comme mandataire judiciaire et
sous toutes réserves contre ce Décret et en faveur de la
juridiction française a envoyé conjointement avec M.
Ouvrard, le 30 mai 1821, des Duplicata de toute la
comptabilité subsistante entre MM. Vanlerberghe et Ouvrard
et le Gouvernement Espagnol, depuis février 1806 jusqu'au
31 Décembre 1809 — L'Inventaire se continuait et on
n'avait pas encore retrouvé les comptes Subséquents jusqu'au
30 Septembre 1819.

    Dans leur lettre du 30 mai 1821 à l'appui de
cette volumineuse production, MM. Vanlerberghe fils et
Ouvrard donnèrent à la Junte les explications les plus
étendues et firent chacun en la qualité qu'ils agissaient
réserve pour la continuation des intérêts au Débit de
l'Espagne, à partir du 31 Décembre 1809, conformément
à la convention du 18 Novembre 1805.

    Ils observèrent que « cette addition d'intérêts n'était
« différée que parce qu'il devrait y avoir lieu d'en
« déduire en capitaux et intérêts les sommes que le Gou-
« vernement Espagnol payera ou aurait payées à MM.
« Séguin, Michel jeune et autres, en l'acquit des valeurs
« et acceptations de la prime royale de consolidation, dont ils
« sont porteurs, et en tant qu'ils les tiennent de MM. Vanlerberghe
« et Ouvrard, lesquels n'ont encore été informé d'aucun
« paiements faits à leur Débit ».
    Le 9 Juin 1821, la Junte du crédit public
Donna

Donna un récépissé de la lettre et de la production entière, au porteur de la dépêche.

Le 22 Juin de la même année, Mr. Vanlerberghe fils n'ayant pas encore ce récépissé, qui lui est parvenu depuis, écrivit de nouveau, en sa dite qualité, à la junte, lui confirma la production du 30 mai, en la prévint que la continuation des opérations de l'inventaire de feu M. Vanlerberghe venant de faire découvrir divers titres sur le Gouvernement Espagnol formant ensemble la somme de Réaux Veillon 11,253,764.19 il s'empressait de les adresser à la junte par courrier extraordinaire qui devait arriver à Madrid le 27 du mois courant au plus tard.

Il ajouta qu'il renouvelait toutes les réserves exprimées en la lettre du 30 mai précédent, contre lesdits décrets, protestant en outre contre toute déchéance à l'égard de ces titres, si par l'effet de force majeure il y avait retard dans leur production, de même que pour tous autres que la continuation des opérations de l'inventaire pourrait faire découvrir ultérieurement, ceux expédiés ce jour ayant été jusqu'alors confondus sous les scellés, avec une immense quantité d'autres papiers remplissant un hôtel, en qu'à l'égard de ces titres expédiés ou tous autres, Mr. Vanlerberghe fils en sa dite qualité : « agissait pour la conservation des droits
» de qui il appartiendra, soit relativement à la
» succession de feu son père, soit relativement à la liquidation
» de l'ancienne société Vanlerberghe et Ouvrard et
» de les créanciers, ferait comme dessus toutes réserves
» pour leur paiement par le Gouvernement Espagnol,
» avec les intérêts conformément aux traités et stipulations
» existants ».

Le courrier extraordinaire (Goussailler Gérou) arriva à Madrid le 27 du même mois à 9 heures du matin et la junte a délivré ce jour un récépissé et de la lettre et des valeurs.

Le 23 Août suivant, les Membres de la junte du crédit public ont écrit en critique —

Réquerement

vaguement la comptabilité produite, mais ont prétendu que Mrs Vanlerberghe et Ouvrard devraient être débité par l'Espagne de son engagement de fr. 60 millions 500 mille francs ouvert le Trésor de France; que le compte des versements à ce sujet jusqu'à l'invasion de l'Espagne devait être liquidé entre la consolidation et le trésor et ne pouvait par conséquent trouver place sous aucun titre dans les comptes de Mrs Vanlerberghe et Ouvrard.

Qu'il résulterait de cette première observation la nécessité de procéder par un autre système, à l'apurement partiel et complet de chaque compte; que les ordres étaient donnés en conséquence; mais que sous aucun titre l'Espagne n'entendait accéder ni consentir à l'admission dans ces comptes des parties payées par elle au Trésor en vertu du traité du 10 mai 1806, pour lesquelles la consolidation a tenu un compte spécial avec le Trésor de France.

Le 22 juin suivant Mr Vanlerberghe fils, toujours comme habile seulement à se porter héritier, et D. Ouvrard écrivirent aux membres de la Junte, que l'annonce que la Junte leur avait faite de l'ordre donné de procéder à l'apurement complet des comptes et de la connaissance qui devait être donnée incessamment du résultat de ce travail d'apurement, leur avait fait différer de répondre aux observations générales faites par le bureau de comptabilité de la consolidation et transmises par la lettre susdite de la Junte.

Mais, que depuis ayant vainement attendu le résultat promis du travail de vérification, ils ne croyaient pas devoir différer davantage de démontrer les erreurs et les inexactitudes des observations communiquées, quoique la simple lecture de la lettre du 30 mai précitée et des documents à l'appui, eussent dû déjà faire apercevoir à la Junte le peu de fondement des observations de la consolidation.

Que les 16 premiers comptes faisant partie de ceux joints à la lettre du 30 Mai, étaient

                                                              et

(Réponse D'autre part).   (Réponse D'autre part —

en effet la copie de ceux qui avaient été Dans le tems
envoyés à la consolidation par feu Mrs Vanlerberghe
et Mr Ouvrard, mais qu'aussi ils étaient annoncé
comme tels par la lettre Du 30 Mai

Que le bureau de comptabilité était tombé Dans
une erreur matérielle en Disant qu'il avait été répondu
très-amplement à ce compte arrêté au 31 mai 1806
en en citant à cet égard un tableau approximatif de
leur Situation générale; que le tableau Dont il s'agit
n'est qu'un petit aperçu de la contenance D'une petite
feuille remise le 4 avril 1806 en copie certifiée le dit jour
par Mr Izquierdo à Paris et Dressé antérieurement par
Mr Espinosa à Madrid.

Qu'il était bien impossible que ce petit état D'aperçu
rappelât la convention de Mai 1806, puisque sa Date,
aussi certifiée fait voir qu'il lui est antérieur.

Qu'au contraire le fait était qu'à aucune époque
il n'avait été fait de réponse ample et Détaillée au
compte produit par Mrs Vanlerberghe et Ouvrard,
et qu'elle avait toujours été vainement Sollicitée par eux
et notamment lors des productions Successives Des comptes
De liquidation Des 30 Novembre 1807, 30 Septembre
1808, 22 Novembre et 31 Décembre 1809, Dans
lesquels Mrs Vanlerberghe et Ouvrard ont rectifié
D'eux-mêmes les inexactitudes qui avaient pu se
glisser Dans les comptes de 1806.

Que ces comptes De liquidation avaient été accompa-
-gnés D'états explicatifs très-Détaillés et très-corrects
et De lettres par la copie desquelles la Junte avait pu
voir combien Monsieur Vanlerberghe et Ouvrard
S'étaient plaints Du silence que la consolidation S'était
obstinée à garder sur cette importante comptabilité.

Que rien ne pouvait être moins fondé
que de reprocher à MM. Vanlerberghe et Ouvrard
de ne pas être constitué en De plus grande avances
après les Défauts ou grand retard de paiements De
la part de la Consolidation restée en Définitive

Débitrice

Réponse D'autre part.   Réponse D'autre part —

Débitrice D'une Somme considérable après avoir été exactement
créditée avec intérêt de toutes les paiemens par elle faits.

Que malgré les plus forts obstacles et circons-
-tances D'alors, Mr. Ouvrard avait entrepris en 1807, le
voyage de Madrid pour régler cette comptabilité avec la
consolidation ; mais qu'arrivé à Bayonne, il y avait trouvé
Messieurs Cabarrus père et fils jeune, fondés de pouvoir
à cet égard de la consolidation ; qu'il leur remit tous les
Comptes existans avec cette caisse royale et tous les Docu-
-mens à l'appui, et resta inutilement à leur Disposition
pendant plusieurs Semaines pour régler cette compta-
-bilité.

Mr. Vanlerberghe fils et Mr. Ouvrard firent
remarquer aux membres de la Junte, qu'il était probable
que le bureau de comptabilité De la consolidation, n'avait ni
lu, ni examiné les comptes De liquidation complétans et
rectifians avec une exactitude remarquable les Comptes
antérieurs.

Et que c'était avec grande raison que MM.
Vanlerberghe et Ouvrard n'avaient pas crédité la consolida-
-tion de 60 millions 500 mille francs qu'elle n'avait pas
payé, mais seulement De f.cos 48,286,815-19 versés
effectivement par elle au Trésor de France.

Qu'il serait absurde de prétendre qu'ils eussent
Dû la créditer De plus que de versemens lorsqu'autant
que Mrs. Vanlerberghe et Ouvrard eux-mêmes
contraints, jetés et retenus longtems en prison pour
les 12,213,184 et intérêts non payés par la consolidation ;
ont été forcés De les payer pour la consolidation Royale
et à son défaut ; qu'elle est au contraire passible envers
eux De Dommages et intérêts à ce sujet.

Qu'ils se réservent D'adresser à la Junte lors
De l'envoi attendu du résultat De l'examen approfondi
des Comptes, les Développemens Dont ils sont susceptibles
en réponse Sommaire aux observations Du bureau de
comptabilité De la consolidation transmises par la Junte.

Mais que déjà ces réponses Sommaires doivent prouver à la Junte

                                    Qu —

   Report d'autre part —

Du peu de fondement de ces objections de la consolidation ;

Qu'en attendant, et poursuite des réserves énoncées dans leur lettre de Mai et Juin précédents, dans lesquelles ils persistent formellement, ainsi que dans les protestations y expliquées, l'inventaire successif des immenses papiers mis sous les scellés après le décès de Monsieur Vanler- berghe, ayant fait retrouver la suite des comptes de liquidation avec la consolidation dressée du vivant de feu M. Vanlerberghe, M. Vanlerberghe fils et Ouvrard, en leur qualité respective, remettant à la junte cette suite de comptes au nombre de Dix ; desquels il résulte que le solde de £ 27,273,433. 7 au 31 Décembre 1809, se trouve élevé à fr. 89,224,614. 6f au 30 Septembre 1819 Dû par la caisse royale de consolidation des Valés, à cette dernière époque, à MM. Vanlerberghe et Ouvrard, au moyen du calcul et de la prolongation des intérêts réciproques, formellement stipulés par la convention faite Double le 18 Novembre 1805.

Faisant aussi réserve expresse de la continuation des intérêts jusqu'aujour du paiement final par l'Espagne ; ils prient la junte d'accuser réception et le bien être des comptes.

Le 27 du même mois de Juin 1822, il fut délivré récépissé à Madrid de cette lettre et de ces comptes.

Il est à remarquer que le premier terme fatal prononcé par les Cortès, ayant été prorogé d'un an, cette dernière production a encore été faite en temps utile.

Depuis, point de nouvelles touchant la véri- -cation promise de cette comptabilité et sur son résultat.

Les évènements survenus en Espagne en 1822 et 1823 ont sans doute suspendu le cours des affaires en tout temps d'ailleurs difficiles à faire terminer dans ce pays.

Mais M. Ouvrard s'étant rendu en Espagne en Mai 1823 et résidant encore à Madrid, on a lieu d'espérer un résultat

De

Report d'autre part.   Report d'autre part —

de les démarches au sujet de cette comptabilité.

Dès le mois de Juin dernier, Monsieur Vanderberghe fils, en sa qualité d'héritier sous bénéfice d'inventaire a écrit à M. Ouvrard à Madrid, pour activer les démarches et réclamation auprès du Gouvernement Espagnol afin de reconnaissance et de paiement de cette créance.

La condamnation obtenue par M. Séguin, par arrêt de Février et Mai derniers, précisément à l'occasion du versement fait par Messieurs Vanderberghe et Ouvrard à sa décharge au Trésor à valoir sur les 12,213,184 en intérêts que l'Espagne aurait dû payer pour compléter son engagement de fr. 60 millions 500 mille francs, condamnation qui, jusqu'à révocation espérée de la Cour de Cassation, et attendu que le pourvoi n'est pas suspensif, frappent si gravement M. Ouvrard personnellement, sont une considération majeure représentée avec d'autres dans la lettre de M. Vanderberghe fils et que M. Ouvrard a intérêt de faire valoir dans toute leur force auprès du Gouvernement Espagnol.

Le 15 Novembre dernier M. Vanderberghe fils a de nouveau pressé M. Ouvrard de donner tous ses soins pour parvenir à la liquidation de cet objet essentiel ; M. Ouvrard étant sous tous les rapports en position, plus que personne, d'obtenir un résultat s'il est possible.

M. Vanderberghe fils lui a même annoncé qu'il était dans la résolution d'aller à Madrid joindre ses instances aux siennes auprès du Gouvernement Espagnol.

Une maladie éprouvée par M. Vanderberghe fils et occasionnée par les travaux et les fatigues nécessités par toutes ces épineuses et immenses affaires a retardé l'exécution de ce projet de voyage en Espagne.

A présent, dans son état de convalescence, M. Vanderberghe fils est obligé de se livrer à la rédaction des comptes ordonnés par jugement du Tribunal —

Et la nécessité de défendre contre la nouvelle action intentée par M. Séguin, de même que contre les prétentions de M. Peyreux et de MM. les Commissaires de la masse.

à reporter.   à reporter —

(Report D'autre part .   (Report D'autre part .

Masse , commande en présence de M. Vanlerberghe fils à Paris .
De surplus , M. Ouvrard a fait prévenir M.
Vanlerberghe fils qu'il l'informerait du temps où il croirait
sa présence utile à Madrid .

MM. Vanderhoeven et Compagnie d'Amsterdam
sont restés créanciers de Vanlerberghe et Ouvrard, de
522,226 f. par comptes vérifiés et pour traiter pour les
opérations avec l'Espagne principalement .

Cotes 245, 268.
(Relatives à M. Michel, jeune)

M. Michel jeune, créancier de MM. Vanlerberghe
et Ouvrard, par résultat de comptes courants et d'un versement
de fonds qu'il a dû faire pour leur compte à M. Michel aîné,
et par résultat d'un article de compte de f. 12,634,995. 51 a
été nanti pour ce MM. de valeurs sur l'Espagne, pour le
montant de sa créance, et même d'un excédant .
On a dit au chapitre relatif aux négociants réunis,
la prétention élevée par M. Michel jeune au sujet d'un
versement d'environ 2 millions au Trésor .

Cotes 246, 247, 268
(Relatives à M. Michel aîné)

Un acte de décharge réciproque et absolu de toutes
dettes, actions, réclamations et recherches quelconques a été
passé entre lui et MM. Ouvrard et Vanlerberghe
le 12 Janvier 1810.

Cotes 258 à 268
(Relatives à M. Desprez)

Il existe des contestations sur la fixation de la créance de
M. Desprez qu'il élève à fr. 7,962,759. 62 non compris les
intérêts depuis 1807 et autres prétentions .
MM. Vanlerberghe et Ouvrard firent faire en
Novembre 1813, un travail considérable par M. Kessmann père, l'exéc-
teur principal des vivres, sur la comptabilité de M. Desprez à
qui

qui ce travail fut communiqué en 1814.

Ce ne fut qu'en février 1821, que Mr Desprez
y répondit par les communications qu'il pensa avoir que
les Commissaires de la masse à Mr Vanlerberghe fils,
alors habile à ce prendre héritier d'un contre rapport rédigé
par le Sr Mazy.

Mr Vanlerberghe fils en sa dite qualité chargea
le même Mr Haussmann de faire un nouvel examen
de cette comptabilité et des objections énoncées par
Mr Mazy.

Le 5 Février 1822 Mr Vanlerberghe fils,
en sa dite qualité, et Mrs Ouvrard formèrent opposition
au Trésor à la remise à Monsieur Desprez d'aucune
valeur de celles y Déposées par lui sur le gouvernement
Espagnol en pouvant le rattacher aux relations
D'affaires de Mr Desprez avec Mrs Vanlerberghe
et Ouvrard.

Cependant, pour prévenir la Déchéance dont ces
valeurs pourraient être menacées par le Décret des Cortès,
faute de production en temps utile à la Junte du crédit
public à Madrid, et l'Ordonnance royale du 12 août
1818 ayant prescrit que les valeurs Déposées au Trésor
ne seraient remises qu'à celui De qui il les avait
tenues, un Jugement Du Tribunal de 1ère Instance De
la Seine, du .... 1822, ordonna que
ces valeurs montant à environ fr. 17 millions, seraient
confiées à Mr Desprez et aux Commissaires de sa masse
sous leur responsabilité personnelle et comme Dépositaire
judiciaire, Sur le compte à régler et autres prétentions
Des parties réserves réciproques conservées.

En Mai 1822, Mr Haussmann sus-dénommé
avait fait un second rapport sur la Comptabilité de
Mr Desprez. Ce rapport représentait la nécessité de
reprendre dès l'origine de toutes les grandes opérations,
faites par Mr Desprez, les écritures passées chez lui, pour
en Distraire les articles étrangers aux opérations relatives
à Monsieur Vanlerberghe & Ouvrard, enfoncés Dans
ses livres avec celles qui ne Devaient pas les
concerner.

Par

Report d'autre part.   *Report d'autre part —*

Par lettre du   1823, M.

Vanlerberghe fils, comme héritier bénéficiaire, communiqua ce
nouveau rapport à M. Desprez, avec invitation de lui faire
part de ses observations, s'il croyait devoir en faire.

M. Desprez ne répondit pas.

Mais le 23 Août suivant, conjointement avec le
Commissaire de sa masse, il assigna M. Vanlerberghe fils,
en sa dite qualité, M. Ouvrard et autres dénommés en l'exploit
d'assignation, devant le Tribunal de 1re Instance à diverses
fins de demande, notamment en demande de nullité du
traité d'union passé entre feu M. Vanlerberghe et M.
Ouvrard et leurs créanciers le 26 Octobre 1808.

Cette action est pendante.

L'héritier bénéficiaire a constitué avoué.

Cotes 280 à 282
Relatives à la Compie Godard.

Feu M. Vanlerberghe n'avait été que liquidateur
de la Compagnie Godard, et, à cette, il s'était constitué
en Debours pour cette Compagnie dont les Membres
(quelques uns morts) étaient tous notoirement insolvables.

Le 27 Juin 1822, M. l'Agent judiciaire du
Trésor Royal signifia à M. Vanlerberghe fils, comme
héritier de feu M. Vanlerberghe son père, un arrêté du Conseil
de liquidation générale dont M. De Fermons était le
Directeur général, du 30 Décembre 1809, par lequel arrêté
les membres de la Compagnie Godard, au nombre desquels
se serait trouvé feu M. Vanlerberghe, avaient été cons-
titués débiteurs envers le Trésor public, 1° de 7,939,138 ^{lt} 15 ^{s} 4 ^{d}.

De ses intérêts, au taux fixé par la Hollande,
de la somme principale de 4,479,749 ^{lt} 6 ^{s} 8 ^{d}, à partir du
1er Janvier 1799, jusqu'au 30 Décembre 1809, jour
dudit arrêté, ensemble des intérêts dudit Débet en
principal, à compter dujour du dit arrêté du Conseil de liqui-
-dation, déclarant M. l'Agent judiciaire cette Signification —

faite

____

à Reporter   *Reporter —*

fait en conformité de l'article 877 du Code Civil.

M. Vanlerberghe déclina d'abord la qualité, et n'étant qu'habile à se porter héritier et n'agissait que comme mandataire judiciaire, à ce d'ailleurs autorisé, sans attribution de qualité dans la succession de son père.

Le 1er février 1823, M. l'agent judiciaire forma opposition au Trésor sur les sommes qui pourraient être dues aux divers membres de la Compagnie Godard à leurs héritiers et représentants ainsi qu'à feu M. Vanlerberghe père, comme aussi membre de la Compagnie Godard, et par exploit du 7 du même mois, il dénonça cette opposition à M. Vanlerberghe fils, comme héritier sous bénéfice d'inventaire de son père, avec assignation en validité de ladite opposition.

M. Vanlerberghe fils, en sadite qualité, constitua avoué et le 27 du même mois présenta requête contenant les moyens d'exception et autres, notamment contre la qualité de membre de la Compagnie Godard, attribuée à feu M. Vanlerberghe au lieu de celle de liquidateur.

M. l'agent judiciaire a pris des conclusions contraires. — La discussion est pendante.

Il est d'abord à remarquer que la signification du 29 juin 1822 a fait erreur en ajoutant aux 7,939,138.15.4 du prétendu débet la somme de 4,479,749.6.8 comme intérêts d'icelle. L'arrêté de liquidation porte : "La Compagnie Godard est débitrice des intérêts à partir, etc. de la somme principale de 4,479,749.6.8", ce qui veut dire qu'à l'égard de cette seconde somme principale elle en doit les intérêts à partir du, etc., et non pas qu'elle doit aussi cette seconde somme principale.

Chacun sait, et M. l'agent judiciaire lui-même, qu'à l'époque où ces arrêtés de la liquidation générale se rendaient, le pouvoir arbitrait les détails, et qu'ils étaient rendus avec précipitation et sans justice. — La Compagnie

Compagnie Godard se prétendait ma raison créancière au contraire.

Mr. Vanlerberghe fils a déjà fait bien des démarches pour cet objet auquel son père, dans ce bureau, devrait être étranger ; il les continua.

Côtes 444 à 151, 283, 285, 287

Relatives aux Services des vivres de la Guerre, de l'Intérieur, Régie Bendcker, Entreprise M. Camin.

La comptabilité qui se rattache à ce grand Service des vivres opérés pendant un grand nombre d'années par feu M. Vanlerberghe père, étant très compliquée et par la nature du service et par les formes administratives imposées à son égard, et cette comptabilité ayant laissé plusieurs millions de pièces dans la masse ou la confusion desquelles ne pouvaient se reconnaître que des hommes versés dans la partie des vivres et possédant les connaissances positives et particulières inhérentes à ce Service, Monsieur Vanlerberghe fils se vit obligé de se constituer en des dépenses considérables pour organiser un bureau de liquidation de ce service et pour pouvoir établir les importantes réclamations qui restaient à faire, suivre les anciennes et être en état de répondre convenablement aux objections ou difficultés des Bureaux des Ministères.

Il s'attacha les principaux employés des vivres qui avaient été occupés par son père, et en cela il fit une économie de temps et d'argent.

Ils étaient au fait ; d'autres hommes eussent eu besoin de s'y mettre.

Ces employés furent dès le principe, durant les opérations de l'inventaire, d'une grande utilité pour la désignation et le triage des papiers. C'était une chose effrayante d'en voir seulement la

Masse

masse immense, on a calculé que Dix mille séances
en procédant par Double vacation, n'eussent pas suffi
à l'inventaire, si l'on eut été privé des éclaircissements
ou De l'assistance de ces employés.

Comme il y aurait un volume considérable à
faire Du Détail relatif aux liquidations pendantes avec
le Ministère De la guerre, et que le temps ne le permet
pas, l'héritier bénéficiaire présentera ici le résumé
Seulement De la situation actuelle de cette liquidation, leur
exactitude pourra être au besoin justifiée par la communi-
-cation des Comptes, états, mémoires et lettres qui s'y
rapportent.

Mr. Vanlerberghe père, avant son Décès,
travaillait et faisait travailler sans relâche à ces
liquidations et sollicitait vivement auprès du ministère
l'exécution De la Disposition des Ordonnances royales Des
11 Novembre 1814 et 12 Août 1818 en faveur De
l'achèvement De ces liquidations.

Les pièces justificatives Des Créances avaient
été produites en temps utile;

Mais des ajournements D'admission De la part
Du ministère pour quelques articles de Dépenses, Des
rejets partiels De quelques autres, Des Difficultés élevées
sur l'allocation ou la époque De Départ Des intérêts,
même sur la forme du compte en général; des comptes
Supplémentaires à Dresser pour des admissions ou des
réintégrations Subséquentes; tous ces points enfin présen-
-taient une série minutieuse de travaux pénibles De compta-
-bilité à faire, De Discussions et de controverses à
Soutenir; des mémoires en Défense à rédiger, de pouvoir
et De requêtes à présenter.

Si tous ces objets eussent pu être terminés
Du vivant de Mr. Vanlerberghe père, l'héritier
bénéficiaire se serait trouvé soulagé D'un fardeau
Dont on ne peut bien concevoir le Désagréable embarras
qu'on se trouvant placé comme il l'est au milieu des
épines de ces Détails infinis et Du Dédale De ces
contentieux. Mais il n'en a pas été ainsi. La mort
a saisi Mr. Vanlerberghe avant la fin de ces
liquidations.

liquidation et l'héritier bénéficiaire a eu à s'instruire, et
tout en ensuite à faire ou faire faire des travaux sur tout.

Cependant, le 24 Septembre 1818, M. Vanterberghe père avait adressé au Ministère de la guerre, le
résumé général de ses réclamations ou créances, pour
les vivres, les approvisionnements de siège et de réserve,
les fourrages, les hôpitaux, le chauffage et lumière, les
gîtes et geôlage, l'artillerie, le génie, l'ex-garde Nac,
et ce résumé présentait une créance de 6,422,515f 99
capitaux et intérêts compris.

Mais restaient les comptes supplémentaires
à établir et à remettre et les points litigieux à vuider,
comme on l'a dit plus haut; et c'est ce qui n'était pas
fait quand Monsieur Vanterberghe père mourut.

M. Vanterberghe fils fit établir les comptes
supplémentaires et il en résulta une addition de créance
de f 1,869,734. et justifiées par 560 pièces.

Ainsi, le total général réclamé, tant en principal
qu'en intérêts, calculé jusqu'au 5 Mai 1816, s'en
élevé à . . . . fr. 8,292,250. "

Mais la loi de finances du 17
Août 1822, ayant fixé le 31 Mars
1823, pour terme fatal à toute réclamation de l'arriéré et une ordonnance royale
de Décembre 1822 ayant prescrit une
Déclaration, et un réglement du ministre
de la guerre de Janvier 1823 en ayant
Déterminé le mode pour chaque créancier,
M. Vanterberghe en sa qualité bénéficiaire,
se conforma à ces Dispositions et remit au
ministère de la guerre le 22 mars 1823, un état
général des sommes dues par ce ministère suivant
suivant les comptes présentés.

Il y ajouta le calcul des intérêts
jusqu'à cette époque, montant à   2,852,763. 56
                                        ____

Ce qui portait le montant général
des réclamations au 22 mars 1823, à fr. 11,145,013. 56
                                        ____

                                              Et

Et comme dans cette somme totale fr. 10,727,355. 06 seulement sont applicables au Département de la guerre, et que le surplus se rattache à d'autres Départements ministériels, quoiqu'élément nécessaire de la comptabilité avec le ministère de la guerre, M. Vanlerberghe fils, en sa dite qualité, et conjointement avec M. Ouvrard, a fait auprès des Départements de la marine, de l'intérieur et des finances et surabondamment auprès de la Direction des Ponts et chaussées et de la ville de Paris les 27 et 28 mars 1823, les déclarations voulues par la loi d'Avril 1822, pour prévenir toute occasion de moyen de fin de non-recevoir contre ces créances.

La Décision du ministre de la guerre des 4 mars, 27 juin 1817 et des lettres émanées de ce ministère les 13 mars et 7 juillet de la même année, avaient en conséquence de la stipulation du traité pour les intérêts en cas de retard dans les paiements, déterminé un mode de compte pour ces intérêts. On s'y est conformé; et cependant le ministère semblant vouloir remettre en question et le principe consacré, et une partie des droits acquis, a élevé de nombreuses difficultés.

M. Vanlerberghe fils y a répondu avec un soin particulier : c'est ce dont les notes produites et sa correspondance avec le ministère justifieront au besoin.

Aucune décision du Ministre sur ces débats n'étant encore survenue, il ne convient pas d'anticiper ici sur les événements et les résultats futurs de la liquidation encore pendante.

Dans la somme ci-dessus du montant des réclamations contre le Département de la guerre, se trouve celle de fr. 2,847,585. 87 en litige devant la Commission du Conseil d'État de l'ancien gouvernement, alors présidée par le Comte Lacuée.

Cette réclamation est restée sans jugement. M. Vanlerberghe fils s'est adressé à Sa Grandeur Monseigneur le Garde des Sceaux pour obtenir la nomination de nouveaux membres à cette

Commission.

Commission Disposée à l'époque de la restauration.

Sa Grandeur n'a pas cru cette Commission dans les attributions; et sur le pourvoi fait contre cette opinion, l'objet de ce pourvoi a été rejeté en Décembre dernier comme n'étant pas contentieux.

Mais qui jugera? Le Ministre de la Guerre a refusé de connaître de ce qui était dans l'attribution de la Commission et le munitionnaire n'a pu se départir du premier degré de juridiction qui lui est acquis en porter au Conseil d'État, le jugement du fond qui ne doit y être porté que par appel sur le prononcé d'une Commission; ainsi le voulait l'arrêté de Brumaire An X auquel le traité du munitionnaire se référait.

L'héritier bénéficiaire est occupé à consulter ses Conseils, à présent, sur cette matière, et sur ce qui se rattache à cette somme particulière de Réclamation. Il vient aussi de charger Me. Scribe de faire un pourvoi sur un litige avec le ministère relatif à 1,083,628.89 se rattachant à la régie Boudaker.

Créanciers Directs des Service Vivres de Terre,
Marine et Intérieur.

Suivant 324 comptes vérifiés provisoirement au 17 Décembre 1818, il était dû à 58 préposés des vivres de Terre ⸻ 432,884ᶠ 56

mais ce résultat pourra varier d'après la liquidation ministérielle et celle des autres préposés avec lesquels ces 58 ont été en rapport pour le Service;

Et en outre, réclamé par 88 autres préposés, suivant 444 comptes, dont 210 vérifiés provisoirement ⸻ 816,802.62

Mais cette seconde partie est aussi subordonnée à l'effet de la liquidation ministérielle à cause des rejets qui pourraient y être applicables comme à la liquidation intérieure respective.

Total. ⸻ 1,249,687.19

Les Décomptes des préposés des Vivres Marine, s'élèvent à ⸻ 701,569.32

à reporter ⸻ fr. 1,951,256.51

Report D'autre part — — 1,951,256.51

Le billet de Service applicable aux
vivres de terre, restant à payer d'ultérieur
(déduction faite de 48 p%0 payés) à la
somme de — 2,247,517.92
Ceux pour la
Marine non payés, à — 594,565.01 } — 2,642,082.93

f^r — 4,593,339.44

à quoi il faut ajouter les créances Paulée et Desprez Dont
il a été fait mention, sauf règlement Définitif de celle de
Mr. Desprez.

Mr. Vanlerberghe fils a eu en sa Dite qualité plusieurs
procès à soutenir contre les prétentions de quelques uns
De ses préposés ; il a fait les actes conservatoires pour le
cautionnement pour raison De leur gestion, en attendant
que la liquidation ministérielle put permettre De faire celle de
leur compte particulier.

Quelque soit un jour le résultat De la liquidation générale
en ministérielle, Mr. Vanlerberghe fils a le sentiment De
conscience D'avoir fait tout ce qui a été humainement possible
De faire ; D'avoir fait plus que tout autre n'aurait fait
Dans sa qualité D'héritier bénéficiaire.

Si Dans ce compte, qui fait connaître l'immensité
et la difficulté des affaires qu'il a trouvées après le décès
De son père, quelques omissions étaient commises, elles seront
relevées par lui Dans la suite.

Il ne serait pas surprenant que sur Des affaires
aussi considérable et compliquées, quelques Détails aient
échappé, surtout alors que ces affaires sont encore
pendantes, et occupent toutes, simultanément, l'héritier
bénéficiaire.

La suite au

La suite des réclamations de l'ex-munitionnaire Général pour les liquid[ations] pendantes auprès des gouvernements de France et d'Espagne, ayant dû être d'abord l[e] principal des soins de l'héritier bénéficiaire, même avant qu'il n'ait pris cette qualité d[ans] la succession de son père, à cause des termes de déchéance qu'il importait de prévoir, l[e] Aimé Eugène Vanderberghe, a été autorisé par ordonnances sur référé de M. le Prési[dent] du Tribunal de 1re instance de la Seine, notamment par celle du 11 Novembre 1819, à g[érer] et administrer les affaires de la succession, et même de suivre l'administration et à faire les travaux dépendants des affaires relatives aux liquidations des vivres et autres opérati[ons] de l'ancienne Société Vanderberghe et Ouvrard, de même que feu M. Vanderberghe père y avait été autorisé par le contrat d'union passé le 26 Octobre 1808 entre ses créanciers et ceux de M. Ouvrard, homologué le 12 Janvier 1809 et cela sans que ces autorisations et les actes qui en résulteraient puisse nuire ni préjudici[er] à la qualité que M. Vanderberghe fils et ses trois sœurs, et habiles à se porter héritiers voudraient prendre dans la succession de leur père.

En conséquence, pour satisfaire à ce mandat judiciaire et pour faire d'abord les actes conservatoires nécessaires et ensuite les grands travaux, comptes, mémoires et démarches réclamés par l'importance des liquidations de l'ex-munition- naire et des débats litigieux restés en suspens par son décès, Mr Vanderberghe fils a organisé des bureaux de liquidation et des réunions de Conseils pour la suite des affaires administratives et judiciaires.

Ces Comptes, travaux, mémoires, consultations et démarches, pourvois et pro[cès] sur lesquels il a été donné des explications au fur et à mesure de l'Analyse et de la situation des affaires auxquelles ils se rattachent; comptes, travaux, &c que le Sieur Aimé Eugène Vanderberghe a continué depuis qu'il a accepté la succession sous bénéfice d'Inventaire ont donné lieu jusqu'à présent aux dépenses dont suit le Détail.

Ces dépenses qui ont été indispensables ont excédé de beaucoup les recettes. L'économie que l'héritier bénéficiaire y a apporté est suffisamment justifié par la nécessité où il s'est trouvé de faire l'avance de cet excédant de ses deniers, pour lesquels il fait toutes réserves de droit.

Cette avance devra encore être augmentée de tous les frais considérables qui restent à faire pour parvenir à une liquidation quelconque et finale.

L'héritier bénéficiaire a donc payé les sommes qui seront établies ci-après au Chapitre des Dépenses.

Recette.

Espèces trouvées dans le cabinet du défunt, remises par M. le Juge de paix à M. Aimé Eugène Vanderberghe lors de la levée des scellés – 5,464f 50c — 5,464f 5[0]

Produit de la vente du mobilier à laquelle il a été procédé par M. Lacoste, commissaire priseur, suivant procès-verbal en date du 9,337f 95c, ci ——————— 9,337f 95[c]

Frais de vente, y compris recollement sur l'inventaire, retenu par le Commissaire priseur ——————— 1,234.43

Produit net de la vente ——————— 8,103.52

Total du Chapitre de Recette ——————— 13,568f 02

Bordereau des pièces justificatives à l'appui du compte bénéficiaire, produit par Mr. Aimé Eugène Vanlerberghe, le 10 Mars 1821, à savoir:

Époque de Dépenses			Détail	Somme portée au compte		Nombre de pièces justificatives
1819	Octobre	4	Au Greffier du juge de paix, pour le scellé	40	50	1
"	"	23	A l'Administration des Pompes funèbres — 1881 10			
"	"	"	à l'Église St Philippe du Roule — 770. "	2,532	58	12
"	"	"	Concession du Terrain au Cimetière de P. L. — 268.73			
"	"	"	Divers frais relatifs aux Pompes funèbres — 213.75			
"	Novemb.	2	A Mr. Nicod, son traitement d'Octobre	500	"	1
"	"	"	A Charles David, gardien des scellés, pour idem	60	"	1
"	"	"	Au même, pour dépense antérieure au Décès	115	20	1
"	"	"	Au même — id — relative au Décès	86	50	1
"	"	20	Solde des Impositions personnelles du défunt	44	"	1
"	"	27	Au Dr. Hourbigant Chardin	25	"	1
"	Décemb.	2	A M. Nicod, son traitement de Novembre	500	"	1
"	"	"	A Ch. David — id — id	66	"	1
"	"	"	Au même, dépense pour les scellés	72	25	1
"	"	"	Au même, pour son deuil	300	"	1
1820	Janvier	5	A M. Nicod, son traitement de Décembre 1819	500	"	1
"	"	"	A Ch. David — id — id	66	"	1
"	"	13	Au Sr. Henry, Coiffeur	60	"	1
"	"	17	A Ch. David, pour bois à brûler pour le scellé	150	"	1
"	"	30	au Sr. Nouvillain, menuisier, pour le cercueil	55	"	1
"	"	"	au Sr. Chassar, plombier, pour le Cercueil	255	35	1
"	"	"	au Sr. Marquisan, serrurier, pour id	127	25	1
"	Février	4	A M. Nicod, son traitement de Janvier	500	"	1
"	"	9	A Ch. David — id — id	60	"	1
"	"	"	Au même, 2 voies de bois pour les scellés	66	"	1
"	"	12	Au Docteur Larbaud, pour ses soins dans la dernière maladie	1,100	"	1
"	"	18	Au Sr. Féburier, pour instruments de chirurgie	171	"	1
"	Mars	2	A M. Nicod, pour son traitement de février	500	"	1
"	"	"	A Ch. David — id — id	60	"	1
"	"	22	Au Sr. Marcelot, pour une voie de bois	78	50	1
"	Avril	3	A M. Nicod, son traitement de Mars	500	"	1
"	"	"	A Ch. David — id — id	60	"	1
"	"	12	Au Sr. Dejarnac, employé à la comptabilité	500	"	1
"	Mai	2	A M. Nicod, son traitement d'Avril	500	"	1
"	"	"	A Ch. David — id — id	60	"	1
"	"	17	A Mr. Tripier, avocat	200	"	1
"	"	18	Au Greffier du juge de paix	61	10	1
"	Juin	3	A M. Nicod, son traitement de Mai	500	"	1
"	"	"	A Ch. David — id — id	60	"	1
"	"	26	Au Sr. Chames, pharmacien	600	40	1
"	Juillet	3	A M. Nicod, son traitement de Juin	500	"	1
"	"	"	A Ch. David — id — id	60	"	1
			à reporter	11,565	63	50

Année / Mois	Jour	Désignation	Francs	C.
		(Report)	11,566	63
1820 Juillet	19	Au Greffier ou juge De paix	1,000	"
" Août	2	A Ch. David, son traitement De juillet	60	"
"	31	A M. Nicod — id — id	500	"
" Septemb.	1	Au même — id — D'Août	500	"
"	2	A Ch. David — id — id	60	"
"	20	A M. Tripier, à lui remis le 21 Août	200	,
" Octobre	2	A M. Nicod, son traitement De Septembre	500	"
"	"	A Ch. David — id — id	60	"
"	"	A M. Dupin, avocat, note Du 22 Août	120	,
"	31	Pour le timbre De 7 pièces formant 11 feuilles	11	25
" Novemb.	2	A M. Nicod, son traitement D'Octobre	500	"
"	4	A Ch. David — id — id	60	"
" Décemb.	1	A M. Scribe, avocat	500	"
"	2	A Ch. David, son traitement De Novembre	60	"
"	6	A M. Nicod — id — id	500	"
Dans le cours De l'année		A M. Haussmann, chef De comptabilité, pour objets relatifs aux liquidations Maurain et Frenais	6,365	30
1821 Janvier	3	A M. Nicod, son traitement De 2 Décembre 1820	500	.
"	4	A Ch. David — id — id	60	"
"	10	au même, pour bois, papier, &c. pour le Scellé	49	38
" Février	2	A M. Nicod, son traitement De Janvier	500	"
"	"	A Ch. David — id — id	60	"
"	13	A M. Bendeker, suivant note	3,525	"
" Mars	1	A Mrs Dupin et Bonnet, suivant note	240	"
"	4	A M. Nicod, son traitement De Février	500	"
"	"	A Ch. David — id — id	60	"
" Avril	3	à M. Nicod — id — de Mars	500	"
"	"	A Ch. David — id — id	60	"
" Mai	5	A M. Nicod — id — D'Avril	500	"
"	"	A Ch. David — id — id	60	"
"	7	A Divers jurisconsultes, suivant note	360	,
" Juin	2	A Ch. David, son traitement De Mai	60	,
"	3	A M. Chevrier, notaire, suivant quittance	300	"
"	4	A M. Nicod, son traitement De Mai	500	"
" Juillet	22	Au Sr Marié, courrier, pour porter des comptes à Madrid	2,440	.
" Août	1	A M. Nicod, son traitement De juin et juillet	1,000	"
" Septembre	4	Au même — id — Du mois D'Août	500	"
" Octobre	3	Au même — id — id De Septembre	500	"
" Novembre	1	A M. Scribe, avocat, affaire de la marine	240	"
"	3	A M. Nicod, son traitement D'Octobre	500	"
"	1er	A M. Scribe, avocat, affaire De la Marine	2,000	,
"	24	A M. Nicod, pour frais Divers	1,122	40
" Décembre	4	Au même, son traitement De Novembre	500	"
Dans le cours De l'année		A M. Haussmann, chef De comptabilité, pour objets relatifs aux liquidations Maurain et Frenais, pour 1821	8,666	32
		à reporter	47,860	28

Date	Jour	Désignation	Francs	c.	
		Report	47,860	25	95
822. Janvier	2	A M. Nicod, son traitement De Décembre 1821	500	"	1
"	3	Frais De voiture pendant 1821	487	75	"
"	5	Remis à M. Ouin	600	"	1
"	6	A M. Bendeker, pour frais De procédure	59	85	1
Février	2	A M. Nicod, son traitement De Janvier	500	"	1
"	28	A M. Bonnes, avocat	100	"	1
Mars	2	A M. Nicod, son traitement De février	500	"	1
"	29	A M. Scribe, avocat	240	"	1
Avril	3	A M. Nicod, son traitement de Mars	500	"	1
"	5	A M. Desroy, avoué, plus ancien des opposants à la levée des scellés	1,500		
"	5-9	A M. Duchesne, pour M. le Greffier au juge De paix du 1er arrond. De Paris, pour frais De scellés, suivant 2 reçus	2,500	"	2
Mai	3	A M. Nicod, son traitement D'Avril	500	"	1
"	27	A M. Palais, agréé au Tribunal de Commerce	400	"	"
Juin	4	A M. Nicod, son traitement de Mai	500	"	"
"	"	A MM. Bonnes, Tripier et Nicod, pour frais	600		
"	14	Affranchissement D'un paquet de comptabilité pr Madrid	51	50	"
Juillet	1	A Mr Leboul-Aubert, avoué à la Cour Royale, affaire régie Bendeker	340	"	
"	3	A M. Nicod, son traitement De Juin	500	"	
Août	3	Au même id de Juillet	500	"	
"	29	A M. le juge De paix, suivant quittance	2,567	40	1
Octobre	2	A M. Gediffer, correspondant à Madrid	128	25	1
"	"	A M. Nicod, son traitement D'Août et Septembre	1,000		
"	11	A M. Tripier, avocat	300	"	
Novemb.	7	A M. Nicod, son traitement D'Octobre	500	"	
Décembre	4	Au même id de Novembre	500	"	
"	20	A M. Dupin, avocat, affaire Séguin	1,500	"	
"	31	A M. Nicod, pour frais Divers	128	25	1
Dans le courant De l'année		A M. Haussmann, chef de comptabilité, pour objets relatifs aux liquidations Maurin et Frenais	14,18?	25	1
823. Janvier	3	A M. Nicod, son traitement de Décembre 1822	500	"	1
"	10	A M. Tripier, avocat, affaire Séguin	1,500	"	1
Février	3	A M. Nicod, son traitement De Janvier	500	"	1
"	9	A M. Tripier, avocat	400	"	"
"	"	Frais de voiture pendant 1822	430	60	"
"	"	au Sr D'Everat, pour impressions Dans l'affaire Séguin	147	"	2
"	26	A M. Dupin, avocat	500	"	1
"	27	A M. Nicod	1,000	"	1
Mars	2	Au même, son traitement De Février	500	"	1
"	10	A M. Scribe, avocat, suivant reçu	1,500	"	1
Avril	3	A M. Nicod, son traitement de Mars	500	"	1
Mai	3	Au même id D'avril	500	"	1
"	5	A M. Dupin, avocat, suivant reçu	500		1
		à reporter	88,038	32	132

			Report	88,038	32	13.
1823	Juin	9	Dº à Mr Bonnet, suivant cheveaux reçu	500	"	
"	"	"	Dº à Mr Nicod, Son traitement de Mai	500	"	
"	"	"	Du même, pour frais Divers, suivant note	465	75	
"	"	13	à Mr Scribe, honoraire pour la liquidation	300	"	
"	"	17	à Mr Crignier, pour l'affaire Seguin	1,000	"	
"	Juillet	3	à Mr Nicod, Son traitement Dº Juin	500	"	
"	Août	4	à Mr Guerin, Avoué, suivant note	2,000	"	
"	"	"	à Mr Lecomte — id — id	1,000	"	
"	"	5	à Mr Nicod, Son traitement De Juillet	500	"	
"	Septembre	5	Au même — id — Dº Août	500	"	
"	"	23	à Mr Gomal, avoué, pour vacation aux Scellés	1,200	"	
"	Octobre	3	à Mr Nicod, Son traitement De Septembre	500	"	
"	"	10	à Mr Chevrier, frais relatifs au cautionnement des Comptables	819	26	
"	Décembre	4	à Mr Nicod, Son traitement Dº Octobre et Novembre	1,500	"	
"	"	"	Au même pour Divers Déboursés	120	.	
"	"	8	à Mr Masson, avoué, pour vacation aux procès-verbaux De levée De Scellés et Inventaire	2,892	"	
1824	Janvier	17	Frais De voitures De louage en 1823	440	20	
"	"	18	à Mr Nicod, Son traitement de 2 Décembre 1823	1,000	.	
Dans le courant des années 1823..1824			à Mr Haussmann, chef de Comptabilité, pour objet relatif aux Liquidation Mannin et Frenais	9,264	90	
				113,040	43	153 pièces

Balance.

La Recette est de Treize mille cinq cent soixante huit francs Deux Centimes, ci —————————————————— 13,568.f 02.c

La Dépense est de Cent treize mille quarante francs quarante trois centimes ; ci —————————————————— 113,040. 43

Partant le comptable est en avance de quatre vingt Dix neuf mille quatre cent soixante Douze francs quarante et un Centime ; ci —————————————————— 99,472. 41

Pour laquelle somme il fait toutes réserves de reprendre les Déboursés et tous intérêts qu'ils auront pu produire sur les premiers Deniers à provenir de l'actif de la succession.

Certifié véritable, sauf erreur ou omission. À Paris le Vingt trois Janvier mil huit cent vingt quatre.

Suite du compte de bénéfice d'inventaire présenté le 23 Janvier 1824, par
M. Vanlerberghe, héritier bénéficiaire de feu Ignace Joseph Vanlerberghe, son père et
continué jusqu'au premier Janvier Mil huit cent trente neuf.

M. Aimé Eugène Vanlerberghe fils et héritier sous bénéfice d'inventaire
de feu sieur Ignace Joseph Vanlerberghe, son père, ancien munitionnaire général, a
présenté le 24 Janvier 1824, son compte bénéficiaire qui a été enregistré le 10 février suivant.

Le Tribunal civil a nommé, par jugement de la Troisième Chambre, du 24
Juillet 1823, M. Petit (alors juge) comme Juge Commissaire à l'occasion dudit compte
qui, après l'affirmation de M. Vanlerberghe fils, en sa dite qualité, a été signifié au
Sr. Séguin, à l'Agent judiciaire Du Trésor public et à Divers.

La Dépense de M. Vanlerberghe audit Compte, appuyé de 156 pièces
justificatives s'élevait D'Octobre 1819 à Janvier 1824, à la somme de — 113,040.43
Dont, Déduisant la Recette qui ne montait qu'à — 13,568.02

Il restait alors un solde dû à M. Vanlerberghe, de — 99,472.41
Depuis 15 ans, M. Séguin, ni la veuve, ses héritiers,
ni le Trésor public n'ont pu trouver matière à contester ce compte, en
tout ou en partie.

Aujourd'hui qu'il s'agit pour M. Vanlerberghe de demander
au Tribunal sa collocation, dans l'ordre ouvert sur le prix Des maisons,
Nos 55,57,59 rue Du faubourg Du Roule, vendues, au montant de ses
Dépenses privilégiées par la loi, Mr Vanlerberghe présente en addition
au solde du compte De 1824 les bordereaux annuels De ses Dépenses
à raison De son administration De la Succession bénéficiaire s'élevant
suivant quinze bordereaux avec les pièces à l'appui (formant un total
De 606 pièces) jusqu'en fin De 1838, à la somme De — 262,032.04

Savoir :

32,298.15	pour l'année		1824
24,022.20	d°	d°	1825
16,698.90	d°	d°	1826
14,190.15	d°	d°	1827
19,962.90	d°	d°	1828
14,817.59	d°	d°	1829
18,220.60	d°	d°	1830
12,360. .	d°	d°	1831
12,630. .	d°	d°	1832
16,400. .	d°	d°	1833
12,513. .	d°	d°	1834
12,962.05	d°	d°	1835
14,650.20	d°	d°	1836
14,43*. .	d°	d°	1837
22,760. .	d°	d°	1838

262,032.04 — Ce qui élève le total de ses avances fin de 1838 à f [illegible]

Sous la réserve encore des Dépenses concernant la liquidation des Administra-
-tions et Entreprises des Bières, Dont Monsieur Vanlerberghe demandera
ultérieurement le prélèvement sur la fortune mobilière provenant de ses Entreprises, quand
il y aura lieu.

Par suite du précis donné par Mr Vanlerberghe fils, Dans son compte
De Janvier 1824 sur les Diverses branches d'Administration De la Succession bénéficiaire
De feu Mr Vanlerberghe son père, Mr Vanlerberghe expose ci-après l'analyse
succincte des évènements et résultats qui s'y sont rattachés pendant les quinze années
révolues Depuis la remise de son dit Compte.

Créance sur la ville de Paris.

On a vu Dans le Compte De 1824, combien était fondée et importante
la réclamation de Mr Vanlerberghe fils, contre le Préfet De la Seine qui n'enten-
Dait allouer que Fr. 72,796-17 au lieu De plus D'un million qui paraissait Dû
pour la Commission De Cinq pour cent promise au père De Mr Vanlerberghe sur
le montant Du service qu'il exécuta comme Commissaire général De la Ville De
Paris pour pourvoir à la subsistance des armées alliées.

Cette réclamation portée au Conseil D'État, appuyée De travaux, Documents
et mémoires et soutenue par Me Scribe, avocat; n'a pas été cependant, couronnée
De Succès; une modique somme de 9,181f 29c a été, en vertu D'une ordon-
-nance royale Du 4 Novembre 1824, a été seulement ajoutée aux Fr. 72,796 17c
offerts par le Préfet qui a en conséquence versé à la Caisse des Dépôts et
consignations le 29 Décembre 1825, la somme finale de Fr. 81,977 46c.

Les intérêts accumulés De cette somme paraissent l'avoir élevée
à Fr. 89,797 90c puisque sur cette ancienne somme:
1° En vertu D'une ordonnance de référé de Monsieur le Président
De Belleyme, Du 12 Novembre 1831, Mr le Greffier De la Justice De
paix Du 1er Arrondissement, Officier ministériel et Notaire y dénommé
ont touché Directement De la Caisse des Consignations ___ 29,100f 3f
2° En vertu D'une ordonnance de
référé du même président Du 8 Décembre 1831 M. Vavasseur

Ordonnance Royale du
4 Novembre 1824: allocation
de f. 81,977. 46 sur la Ville
De Paris, consignés; Rejet
De plus Des 4 Millions.

Desprenier

(Report — 19,100. 35

Desperrière, notaire a touché — 7,010. 10

3.° En vertu d'une ordonnance de référé
du même président du 31 Décembre 1833, Monsieur
Vanlerberghe a touché le 23 Janvier 1834, à
la Caisse des Consignations pour le Commissariat
Des Créanciers De Vanlerberghe et Chenard, la
somme pour laquelle il donne son compte — 12,000. "

4.° En vertu d'un jugement du 24
Janvier 1834, Mr Vanlerberghe a touché le
27 Février suivant De la Caisse des consignations, Dont il donne aussi son compte — 50,540. "

5.° Enfin le 24 Janvier 1837, Me
Giron, avoué, a touché pour solde Des fonds
versés par le Préfet De la Seine à la Caisse
Des Dépôts et consignation — 1,147. 45*

Somme égale)   89,797. 90

Or, Mr Vanlerberghe Doit à Justice les Deux Comptes, l'un
pour les f 12,000. " hautes pour les f 50,540. " qu'il a reçus. Il
les présente aussi chacun pour leur importance en Recette et Dépense
comme par Justice a été ordonné en attendant que la Dépense est égale à la
recette Dans chacun De ces Deux comptes, il n'y a rien à Déduire comme
recette à imputer à Mr Vanlerberghe sur les avances ci-Dessus énoncées
et réclamées.

Le Commissariat auquel la f 12,000. " ci-Dessus De l'Ordonnance De
référé Du 31 Décembre 1833 ont été affectés, est le nouveau Commissariat nommé en
l'assemblée Des Créanciers De Mr Vanlerberghe et Chenard qui a eu lieu le 17 mai 1833,
Sous la présidence De Mr Louis Vassal juge commis par le Tribunal De Commerce
par jugement Du 30 Janvier, même année, en vertu Des arrêts de la Cour royale de Paris
rendus le 31 Août 1831 et 9 Janvier 1833, sur la procuration Du S.r Seguin.

Ce Commissariat a été composé De Mrs Gautier, Besnier et Bruyas. Le 17
mars 1838, Mr Gautier a donné sa Démission pour cause De santé.

Le compte de 12,000. " ci-Dessus indique De somme ainsi, Savoir:

1834 Janvier 23 = Mr Vanlerberghe a reçu De la Caisse Des consignations — f: 12,000.	Passage De 23 Janvier 1834 au 9 avril 1834, suivant Détail au compte et 13 pièces justificatives:
	A Chedron, notaire — 412. 80
	Au Commissariat Des Créanciers — 6,500. .
	F. Mr L'elangle, avocat — 2,375. .
A reporter ... 12,000.	A reporter — 9,287. 80

* Nota: Le même jour Mr Giron, avoué a touché De la Caisse Des Consignations f: 8,100. " Savoir:
1,147. 45 Solde Des fonds De la ville comme Dessus
6,952. 55 Sur les fonds Des mineurs Vanlerberghe.
8,100. "

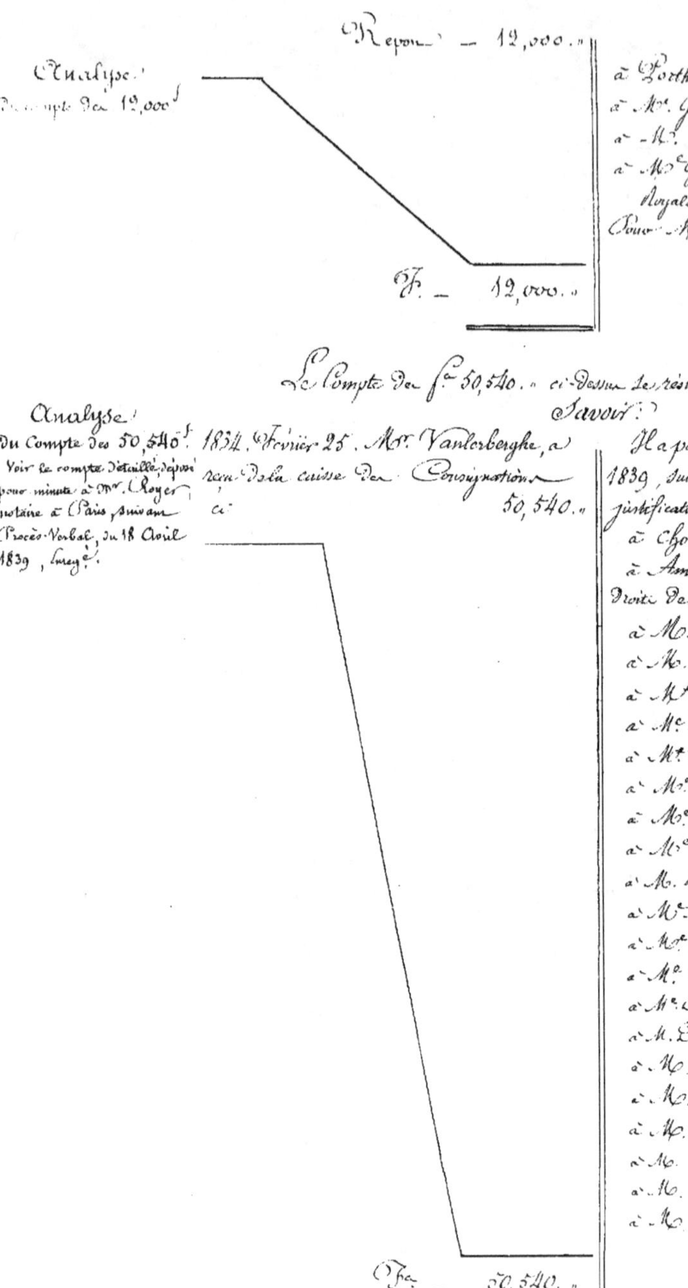

Analyse
...compte des 12,000 f

Report — 12,000..

Report — 9,287. 30
à Porthmann, Imprimeur — 28..
à Me Gion, Avoué — 2,000..
à Me Ouvié — 110..
à Me Gibert, avoué à la Cour Royale — 573. 85
Pour menus frais — ..85

F. — 12,000..

F. — 12,000..

Le Compte de f 50,540.. ci-dessus se résume comme suit,
Savoir:

Analyse
Du Compte des 50,540 f
Voir le compte détaillé déposé pour minute à Me Royer notaire à Paris, suivant Procès-Verbal du 18 Avril 1839, enregistré.

1834. Février 25. Mr Vanlerberghe, a reçu de la caisse des Consignations ci — 50,540..

Il a payé du 25 février 1834 au 28 mars 1839, suivant détail au compte de 32 pièces justificatives:

à Chodron, notaire — 580..
à Amadieu, receveur des Droits de Succession — 4,959. 81
à Me Haussmann — 8,684. 15
à Me Séguin — 20,000..
à Me Gion, avoué — 8,000..
à Me Lavocat, avoué — 1,000..
à Me Berrier fils, avocat — 2,000..
à Me Dargère, avoué — 162. 43
à Me Mærger, avoué — 1,840. 84
à Me Locard, agréé — 407..
à M. Porthmann, imprimeur — 8..
à Me Scribe, avocat — 500..
à Me Piré, avoué — 478. 48
à Me Delorme, avoué — 252. 61
à Me Colingle, avocat — 500..
à M. Doulniau (voiture) — 62..
à M. Mousset — 184..
à M. Franqueux — 194..
à M. Oudin — 200..
à M. Nicod — 42. 30
à M. Bouton — 448. 50
à M. Leclère — 35. 63

F. — 50,540..

F. — 50,540..

Vente

Vente de meubles et d'immeubles par suite de l'annulation des effets
Du Divorce de Madame Ve Vanlerberghe.

Un jugement du 2 février 1827, confirmé par arrêt de la Cour Royale de Paris du 1er mars 1828, ayant annulé à l'égard de Mr Séguin et du Trésor public seulement, les effets du Divorce qui avait eu lieu, depuis plus de 20 ans entre Mme Vanlerberghe et feu Mr Ignace Joseph Vanlerberghe, son mari, et ce jugement et arrêt ayant déclaré que la communauté n'avait pas cessé d'exister pour Mme Vanlerberghe jusqu'au jour du décès de son mari, les scellés furent apposés le 12 du même mois de mars 1828 dans les maisons du faubourg du Roule présumées dépendantes de la communauté.

Dès le 26 Juin suivant, il fut procédé devant toutes les parties intéressées à un nouvel inventaire qui ne fut clos que le 26 Juin 1831.

Par le Ministère de Me Merlin, Commissaire Priseur et de son collègue il fut successivement procédé à la vente publique du mobilier de ladite communauté et à la vente d'arbustes, d'orangers et de récolte de foin; le tout produisit une somme de 13,560f 35c. Savoir:

Ventes mobilières

Année	Mois	Jour	Désignation			Somme
1828	Juillet	28	Vente de foin (Jardin de l'hôtel 57) pour la somme de			130. "
	Septembre	15	d° d'orangers et arbustes	d°	d°	504.55
1829	Juillet	28	d° de foin	d°	d°	155. "
1830	Juillet	9	d° d°	d°	d°	344. "
	Août	23	et jours suivants de meubles	d°	d°	10,988.80
1831	Juin	25	Vente de foin	d°	d°	100. "
1832	Juin	30	d° d°	d°	d°	100. "
1833	Juin	15	d° d°	d°	d°	150. "
1834	Juin	12	d° d°	d°	d°	200. "
1835	Juin	5	d° d°	d°	d°	200. "
1836	Juin	16	d° d°	d°	d°	261. "
1837	Juin	24	d° d°	d°	d°	440. "

13,560f 35c

Il faut d'abord déduire de cette somme celle de fcs 9,566. " reçue le 22 mars 1831, par les ci-après dénommés, savoir Mr Merlin, Commissaire priseur.

Savoir.

1° Par Me Donon, greffier de la justice de paix du premier arrondissement, savoir: 500f pour Mr le juge de paix, 2170.80 pour Mr Donon 1786f pour le Gardien de scellés. Ensemble ci ———— 4,456.80
2° Par Me Vavasseur-Desperriers, notaire ———— 1,972.20
3° Par Me Moisant, notaire ———— 500. "
4° Par Me Gion, avoué de Mr Vanlerberghe fils héritier bénéficiaire ———— 600. "
5° Par Me Hasson, avoué de Mme Vanlerberghe ———— 500. "
6° Par Me Pien, avoué de l'agent judiciaire du Trésor public ———— 500. "
7° Par Me Smith, avoué de Mr Séguin ———— 500. "

Ensemble à valoir sur les Débours de ceux des ci-dessus à qui il en était dû subsidiairement sur leurs honoraires ———— 9,029. " à acquitter

8º. Par M. Vanlerberghe héritier bénéficiaire,
Savoir : Pour Belloise, terrassier, 137ᶠ — Pour M. Lacoste,
Commissaire priseur, Diverses expéditions relativement à la vente
Du mobilier (1ᵉʳ Inventaire) 100ᶠ — Pour les contributions
300ᶠ — Ensemble   537 .

Somme de la quittance Donnée par les 8
Dénommés ci-Dessus à M. Merlin, le 22 mars 1831 — 9,566 .   9,566 .

Resteraient ès-mains de Mᵉ Merlin qui en Devrait compte —   3,994. 35
     Mais comme ce Commissaire Priseur aura à Déduire de cette Somme de 3,994. 35
les frais D'Enregistrement et autres Déboursés De lui et De son Collègue, et leurs Droits
ou honoraires, il est probable que ce restant ne les couvrira pas, et il est évident qu'il
n'y a lieu à ce sujet, à aucun article De recette à la charge De M. Vanlerberghe,
car même à l'égard De 537ᶠ ci-Dessus il ne les a pas matériellement touché ;
ils ont été remis aux trois Créanciers privilégiés ci-Dessus Dénommés, pour
lesquels M. Vanlerberghe n'a Donné quittance que pour ordre.
     Le 23 Mars 1832, Mᵐᵉ Lemaire, Vᵉ Vanlerberghe, a fait au
Greffe Du Tribunal civil De la Seine, sa renonciation à la Communauté.
     Un jugement Du 3 avril 1832, contradictoirement rendu entre Mᵐᵉ
Vᵉ Vanlerberghe, Mᵉ Vanlerberghe fils, héritier bénéficiaire De son père, le
Commissaire Des Créanciers, le Sᵉ Séguin et l'Agent Du Trésor public,
Déclaré la renonciation De Mᵐᵉ Vanlerberghe régulière et a ordonné que
Mᵉ Vanlerberghe fils, en sa qualité bénéficiaire, ferait procéder en présence Du
Sᵉ Séguin et du Trésor à la vente De Divers immeubles de Corbeil & de
Paris, après estimation D'experts nommés D'office.
     Ce Jugement a été confirmé par un arrêt contradictoire de la Cour
Royale de Paris du 22 Juillet 1833 rendu sur l'appel du Sᵉ Séguin interjeté contre
le chef, seulement relatif à la renonciation De Mᵐᵉ Vᵉ Vanlerberghe . ✻
     Cet arrêt a reçu dès 1833, Son exécution relativement aux ventes Des
Immeubles comme Suit, Savoir :
     1º. Le 6 Décembre 1834, à l'audience Des criées Du Tribunal De
la Seine, Mᵉ Vanlerberghe, héritier bénéficiaire, a fait vendre en présence
Du Sieur Séguin et Du Trésor, en exécution Du Jugement de 3 Août 1832,
De l'arrêt De 22 Juillet 1833, comme aussi en vertu Des Jugement De
2 Février 1827, De l'arrêt Du 1ᵉʳ Mars 1828, Du jugement du 11 Juin
1834, homologatif Du rapport Des Experts nommés par le susdit Jugement Du 3 Août
1832, une maison, corps De ferme, magasin, jardin et Dépendances, situés à Corbeil, adjugés.

à M. Lemenuze, pour la somme en principal de — 28,100ᶠ "

2°. Le 7 Décembre 1834, pardevant M. Tozon, notaire à Corbeil, sur publication judiciaire et au plus offrant, en présence des Sr Séguin et du Trésor, en exécution et en vertu de tous les mêmes jugements et arrêts qui viennent d'être cités, 14 pièces de terre, prés et vignes du Terroir de Corbeil, Essonne, Evry, adjugés à divers, pour la somme principale de — 46,257. "

3°. Le 5 Novembre 1836, à l'audience des criées de la Seine, en présence de la veuve et héritiers Séguin et du Trésor, en exécution et en vertu des jugements des 3 Août 1832, de l'arrêt du 22 Juillet 1833, d'un jugement du 18 mars 1834, d'un jugement du 24 Juin 1835, d'un jugement du 3 février 1836 et d'un dernier jugement du 24 Juin 1836 tous contradictoires, 6 moulins et grands magasins de Corbeil adjugés à Madame la Comtesse de Guillemin de Coste, pour la somme en principale de — 175,000. "

Sous la charge par la Dame veuve Coste, de payer à M. le Préfet de la Seine pour prix des moulins et ustensiles ƒ. 32,876.01, plus les intérêts du 18 mai 1835 au jour du paiement.

4°. Le 26 Août 1837, à l'audience des criées de la Seine, en présence de la veuve et des héritiers Séguin et du Trésor public, en exécution et en vertu du jugement du 3 Août 1832, de l'arrêt du 22 Juillet 1833 (non compris la maison du faubourg du Roule, Nᵒ 53, dont un jugement du 2 Juillet 1836 a ordonné la Distraction comme appartenir en propre à Madame Veuve Vanderberghe) et en vertu d'un jugement du 6 Juin 1837, tous contradictoires, les trois hôtels, maisons, Terrains ou jardins et Dépendances du faubourg du Roule (Nᵒˢ 55, 57 et 59) ont été vendus ensemble par M. Vanderberghe à M. le Comte et Mᵐᵉ la Comtesse de Prémorvan et à Mʳ et Mᵐᵉ Diculouvau, pour la somme en principale de — 1,066,000 "

Total des 4 ventes d'immeubles en principal ƒⁿ 1,315,357. "

Les acquéreurs étant tenus par une clause formelle de l'adjudication de verser le prix d'acquisition à la Caisse des Dépôts et consignations, M. Vanderberghe n'a point à se charger en recette de ces sommes qui seront attribuées à qui par justice sera ordonné.

Les adjudicataires de la maison bourgeoise et des terres de Corbeil ont consigné leur prix.

Mᵐᵉ vᵉ Coste

Jugement du 2 Juillet 1836 ordonnant la Distraction de la Maison, Nᵒ 53.

Quotité des consignations de prix par les adjudicataires (sommes en retard)

Mme Veuve Coste en doute en retard en ayant rien versé à la Caisse des Dépôts en consignation sur les 175,000 francs prix de son acquisition des moulins en Magasins de Corbeil, malgré les sommations à elle faites par Mr Vanlerberghe, Mr Vanlerberghe, en sa qualité d'héritier bénéficiaire de feu Ignace Joseph Vanlerberghe, son père, va faire procéder contre elle à la folle enchère de cet immeuble.

Le 5 Octobre 1838, le premier tiers de 1,066,000 francs prix des trois hôtels ou maisons 55, 57, 59, du faubourg en route a été versé à la Caisse de consignation en f[r] 409,960, dont 355,333 33 principal en f[r] 54,636 67 intérêts à faire par M. Bleuan, pour M. et Mme De Prémorvan et M. et Mme Dieulouard.

Déjà la Veuve et les héritiers Séguin ont obtenu l'attribution à leur profit par un jugement du 13 mai 1837, confirmé par arrêt de la Cour royale du 19 mars 1838 (Arrêt contre lequel le Trésor s'est pourvu en cassation) du produit des ventes des articles 1 et 2 ci-dessus (petits biens de Corbeil), ensemble f[r] 74,357 " en principal à valoir sur la créance Séguin, de f[r] 1,670,484 40c établie par la transaction faite le 10 Février 1810 par Mr Vanlerberghe en Ouvard et visée par le Commissaire de leur Créanciers unis, créance imprimée par les Arrêts de la Cour, des 31 Décembre 1811, 27 Février et 12 mai 1823, 1er mars 1828, et enfin par ce dernier arrêt du 19 mars 1838. (Cette créance a déjà été expliquée en détail dans le compte bénéficiaire déposé par M. Vanlerberghe, le 24 Janvier 1824.

La Veuve et les héritiers Séguin qui, en vertu d'un jugement définitif du 21 Août 1835, ont touché le 19 Septembre 1835, de la caisse de consignation f[r] 94,606 " plus f[r] 90,000 " en intérêts d'ancien prix de loyer dûs en vertu par le Préfet de la Seine, pour les moulins de Corbeil, ont encore obtenu le 27 Décembre 1838, un jugement d'attribution à leur profit du produit de la vente de l'article 3 ci-dessus des dits moulins de Corbeil pour f[r] 175,000 " Mais il y a appel pendant à la Cour Royale contre ce Jugement.

Dans l'ordre actuellement ouvert à l'occasion du prix (1,066,000) de la vente article 4 ci-dessus des Trois hôtels ou maisons Nos 55, 57 et 59 du faubourg du Roule, la veuve et les héritiers d'Séguin prétendent aussi à l'attribution à leur profit seul, de la totalité de ce prix, capital et intérêts; toujours à valoir sur leur dite créance de 1,670,484 francs 40 Centimes.

Jusqu'au jour de la vente des Immeubles ci-dessus, Mr Vanlerberghe n'a cessé d'en surveiller la régie, en sa qualité d'héritier bénéficiaire du feu Sieur Vanlerberghe, son père.

Il y avait un locataire de la maison bourgeoise de Corbeil et un fermier des Terrains.

Le locataire de la maison versait les loyers à Me Dupont notaire à Corbeil, ainsi devait faire le fermier des Terres; pour son défaut de paiement des fermages, les attirails de ferme furent saisis et vendus le 23 mars 18[..]

Margin notes:

Prétention des Vve et héritiers Séguin, à l'attribution de tous les prix de vente des Immeubles.

Prix d'anciens loyers des Moulins, consigné par le Préfet, touché par la Veuve et héritiers Séguin.

Régie des Immeubles depuis leur entrée en la Succession bénéficiaire jusqu'à leur vente.

et le 6 Juillet suivant les récoltes sur pied furent aussi vendues par suite de faire.

Comme le prix de location de la maison bourgeoise, le nes produit de ces ventes fut versé ès-mains de Me Duprou. Il a payé par ces fonds des droits de mutation, des impositions, des exécutoires de Dépens à Mrs Magnan et Delorme, avoués du sieur Séguin, N° 4, ainsi qu'il résulte d'un jugement du Tribunal civil de Corbeil du 18 Juillet 1834.

Le compte dudit Me Duprou, avoué de Corbeil, présente le détail des articles de Recettes et de Dépenses à ce sujet qui ne s'élèvent qu'à environ 9,000 f. " Mr Vanlerberghe n'ayant rien touché de ce fait, n'a aucune recette à imputer de ce chef, en Déduction de ses avances.

Depuis que l'arrêt du 17 Janvier 1834 (confirmatif du jugement de Corbeil du 11 Janvier précédent) a fait rentrer à la succession bénéficiaire les biens de Corbeil, jusqu'à l'époque de leur vente, Mr Vanlerberghe a fait toute diligence pour louer le moulin et magasin de Corbeil, il n'a pu y parvenir malgré des appositions successives d'affiches et malgré d'autres tentatives nombreuses exécutées notamment par Mr Ozou avoué.

À ce sujet, Mr Vanlerberghe ayant sollicité des Dégrèvements d'impositions a touché ès-nom du percepteur de Corbeil le 30 Décembre 1835 une seule Somme de 1711 f 22

Compte des 1711 f. 22

Mr Vanlerberghe faisant compte de Recettes et de Dépenses pour ce f° 1711. 22 et ce compte se balançant, cette Somme n'est pas non plus à déduire de ses avances.

La maison de Paris faubourg du roule N° 55, n'était que susceptible de location, étant remplie ainsi que cela a été constaté par les inventaires et par Mr le Conseiller Brière de Valigny de papiers et cartons des administrations Guerre, Marine, Intérieur, &c de feu Mr Vanlerberghe père et nécessaire aux travaux de liquidation.

L'hôtel, N° 57 n'a pu être loué tel qu'il était ; sa location eut été dispendieuse et onéreuse au lieu d'être profitable, parce qu'il eut fallu changer à grands frais la nature des lieux et leur Destination, ce qui aurait ensuite nui à la vente. Cela est justifié par le très haut prix de l'adjudication, lequel n'aurait pas été obtenu, si on avait laissé l'hôtel et ses Dépendances libres dans leur nature et leur Destination. Comme on l'a vu, Monsieur Vanlerberghe ès-nom a fait vendre chaque année en présence du sieur Séguin et de l'agent du Trésor les foins du parc. Monsieur Martin, commissaire priseur en a touché le prix.

La petite maison, N° 59 louée au sieur François, tombée à présent de faible prix de loyer que le percepteur des impositions s'est fait verser ès-termes

à l'exception

à l'exception de deux petites sommes, notamment l'une De f. 1100 versée par Mr. Fournier à Mr. Guion, en vertu d'une ordonnance de référé du 18 février 1837 et Desquelles le Sr. Mr. Guion, avoué, de Mr. Vanlerberghe comptera. Ainsi, rien à déduire encore à cette occasion Du montant Des avances De Mr. Vanlerberghe.

Les frais D'entretien, réparations, impositions et tous autres frais ou Dépenses relatifs à cet immeuble, sont compris Dans les bordereaux de frais Détaillés, produits par Mr. Vanlerberghe, formant la somme De ses avances et appuyés de pièces justificatives.

Mr. Vanlerberghe n'a jusqu'à présent touché aucune somme provenant de la location qu'il a fait faire de la maison située à Amsterdam (moyennant un loyer annuel de 1375 florins) et Dont il a pris la gestion Depuis 1831, Date de la clôture De l'Inventaire et de la Déclaration De Mme. sa mère, relative à ces immeubles. = L'agent chargé de la perception de ces loyers en a produit le compte fin De 1836, présentant un reliquat de 2217 florins quel cet agent a retenu provisoirement à cause de frais et réparations en charge auxquels il avait à pourvoir. Mr. Vanlerberghe en attend la suite du compte De recettes et Dépenses au 31 Décembre Dernier, lequel Devra présenter la situation à cette époque.

Les Comptes Des fruits, loyers et revenus Des moulins de Corbeil perçus par Madame Veuve Vanlerberghe Depuis le jour du Décès De feu Mr. Vanlerberghe son mari, jusqu'au 17 Janvier 1834, compte quel la Veuve et la héritière Séguin Demandaient en même temps que Mr. Vanlerberghe fils héritier bénéficiaire ainsi que les Commissaires Des Créanciers qui Demandaient le renvoi de Veuve et héritière Séguin, à la répartition, de Deniers de la faillite, a été ordonné, par jugement Du 25 mai 1838, du Tribunal civil, première chambre, devoir être rendu par Madame Veuve Vanlerberghe, et les fruits attribués, même au préalable, une provision de 100,000 francs aux Veuve et héritière Séguin seuls ; Ce compte, cependant, devant être rendu, porte le jugement, en présence Des héritiers bénéficiaire et Des Commissaires par à Madame Vanlerberghe qui Demandait le renvoi au compte de liquidation de la succession de son mari. Il y a appel de ce jugement Devant la Cour Royale.

Le 29 Juin, même année 1838, par un jugement Du Tribunal civil, aussi première chambre, rendu entre Madame Lemaire Veuve Vanlerberghe, D'une part et Mr. Vanlerberghe, fils, héritier bénéficiaire, et les Commissaires Des créanciers, D'autre part, il a été ordonné, attendu l'instance pendante et Dans laquelle ladite Dame est intervenue, en Distribution D'immeuble sur lesquels frappe son hypothèque légale, qu'il serait procédé devant Mr. Durantin, juge, son Doyen Mr. Royer, notaire, contradictoirement à la liquidation Des reprises, créances et indemnités De Madame Veuve Vanlerberghe contre la succession De son mari, résultant tant De son contrat De mariage que D'actes postérieurs.

En conséquence, sur la sommation de Madame Veuve Vanlerberghe, le commencement De cette liquidation a eu lieu chez Mr. Royer, notaire le 30 Août Dernier.

On verra ci-après, qu'outre la prétention des héritiers Séguin, accueillie Déjà en partie par les Tribunaux, de l'attribution du produit De la vente Des immeubles, ainsi que Des fruits qui pourraient

avoir été

Compte
Des fruits Demandés
à
Mme. Vve. Vanlerberghe.

Liquidation ordonnée
par le Tribunal Des
reprises de made. Veuve
Vanlerberghe contre
la succession bénéficiaire
De son mari.

avoir été perçu par Mad.. Veuve Vanlerberghe, les héritiers Séguin s'élevant de plus la prétention de se faire attribuer, comme créanciers des Créanciers des munitionnaires Généraux M.. Vanlerberghe et Ouvrard les fonds consignés en paiement des Ordonnances Délivrées pour le service des vivres.

Fonds ou Inscriptions de Rente 5 p. %
consignés pour le Service des Vivres Vanlerberghe.
(Fresnais, Maurin et Bondeker étant des prête-noms)

En Mai 1826, le Ministre de la Guerre Délivra une ordonnance de paiement de f. 767,856.44, comme étant le solde dû en capital pour les vivres de terre (Entreprise M. Maurin)

Sur l'avis que le Ministre en Donna à M. Vanlerberghe héritier bénéficiaire du feu sieur son père, M. Vanlerberghe héritier bénéficiaire protesta tant auprès du Ministre de la Guerre, par Diverses lettres, qu'auprès du Ministre des Finances, par acte extra-judiciaire du 5 Juillet suivant, visé le 6 Juillet 1826 par Magimel N°. 47610.

De plus M. Vanlerberghe se pourvut Devant le Conseil D'État afin d'obtenir le complément de sa réclamation s'élevant en capital à f. 1,420,000. excédant de ce f. 767,856.44. Le Ministre ne Donnait pas l'explication De cette réduction ou rejet des 1,420 mille francs.

Ce pourvoi a été l'occasion de grands et longs travaux, tant de la part Des bureaux du Ministre de la Guerre, que de la part de M. Vanlerberghe, et a été en définitive confié aux soins de M. Scribe avoué; mais une ordonnance royale toute récente du 7 avril 1839 a rejeté tous les chefs Du pourvoi.

Cependant, le 26 Juillet 1826, le ministre des finances consigna à la Caisse des Dépôts et consignations une inscription au nom D'André Maurin prête-nom de Vanlerberghe père, de f. 38,393 de rente 5 p.% représentative Du capital Des dits f. 767,856.44, à la charge Des oppositions faites au Trésor public.

M. Despres, ancien Banquier, souscripteur De billets De service et Divers créanciers porteurs De billets ou de Décomptes Des vivres, Demandèrent au Tribunal civil la vente et la répartition, par voie De contribution judiciaire, De la valeur de ce 38,393 francs De rente 5 p.%.

La contribution Judiciaire fut ouverte par un jugement Du 2. Juillet 1831; un second jugement du 29 mai 1835 rejeta la tierce opposition des commissaires Des créanciers; mais Sur l'appel, un arrêt De la Cour Royale Du 10 Décembre 1836, infirma ces Deux jugements, annula la contribution Judiciaire ouverte sous le nom D'André Maurin prétendu prête-nom De

---

Notes marginales :

Ordonnance Du Ministre de la Guerre, Entreprise Maurin, prête-nom de Vanlerberghe, De f. 767 mille converti en 38,393.. rente 5 p.%.

Ordonnance Royale. Du 7 avril 1839 - Rejet Des 1,420,000.. Guerre.

Contribution jud.. annulée. Arrêt du 10 Décemb.. 1836 De renvoi en répartition au Tribunal de Commerce.

M.ᵉ Vanlerberghe et Durand et renvoye les parties au nombre desquelles étaient le Tiers et les héritiers Séguin en répartition devant le Tribunal de Commerce, suivant la loi commerciale; les Dispositions relatives aux faillites et suivant le concordat du 26 Octobre 1808 sans rien préjuger aux prétentions ou droits respectifs des Diverses classes de Créanciers, ni sur les oppositions, &c&c

Il est à remarquer que Devant la Cour royale la Veuve et hérit.ˢ Séguin Demandaient non pas l'annulation de la contribution judiciaire mais au contraire qu'elle eut lieu seulement à leur profit.

Prétention de Veuve et héritiers Séguin, de se faire attribuer les fonds des Services Vivres.

Ce fut après ces circonstances que la Veuve et les héritiers Séguin signifièrent le 31 Janvier 1837, un jugement qui avait été rendu le 23 Août 1823, par la 1ᵉʳᵉ chambre du Tribunal en validité d'opposition du sieur Séguin sur les Ordonnances De liquidation Des vivres; en même temps les héritiers Séguin signifièrent leur reprise D'instance sur la prétention ancᵉ Séguin au fond sur laquelle le Tribunal avait Sursis à Statuer, ainsi que sur la question de privilège relativement aux billets et Décomptes de service.

M.ᵉ Vanlerberghe, les Commissaires de Créanciers et M. Dupré ont proposé au Tribunal l'exception D'incompétence, fondée sur ce que l'arrêt Du 10 Décembre 1836 avait ordonné le renvoi au Tribunal de Commerce Devant lequel les questions de privilèges et autres devaient être Débattues et par lui jugées et les répartitions réglées.

Jugement du Tribunal civil du 16 mars 1839 se Déclarant compétent. Appel suspensif.

Cependant le 16 mars 1839, le Tribunal civil s'étant Déclaré compétent, Appel de ce jugement a été Signifié les 26 et 27 du même mois de mars; ce qui a suspendu le Débat et le jugement sur la prétention des héritiers Séguin tendant à se faire attribuer aussi les fonds Du Service vivres.

Outre l'inscription De rente 5 f/o consignée en 1826, comme il a été dit, au nom D'André Maurin prête-nom de M. Vanlerberghe pour le service Des vivres de terre, de 38,393ᵗ au capital de 767,856ᶠ 44 Il y avait eu une autre consignᵒⁿ le 18 9ᵇʳᵉ 1831, de 2,864 rente 5 f/o au capⁱ de 57,280 ″

41,257 Rente, son fᵗ 825,136 44

Ordonnance royale du 9 février 1831 — allocation de fᵗˢ 57,280. Conversion en 2,864 rente 5 f/o. Rejet de 1,800,000 (6 décisions) Guerre - Maurin.

Cette Seconde consignation a été obtenue aussi par les réclamations et les Soins de M. Vanlerberghe et les plaidoiries de M.ᵉ Scribe par lui chargé et qui a défendu à un pourvoi au Conseil D'Etat contre Six anciennes Décisions de rejet. Toutefois, l'ordonnance royale de 1831 qui a accordé ces 57,280 francs a rejeté 1,800,000 francs que M. Vanlerberghe réclamait en sus (Vivres de la guerre.)

— M. Vanlerberghe n'ayant rien perçu de ces 825,136ᵗ 44 n'a aucune

imputation

imputation à faire. De ce chef sur la somme de la Dépense.

Le Ministre de la guerre d'était reconnu Débiteur, en somme
de traités des intérêts dûs pour les Capitaux avancés par les soumissionnaires
généraux Vanlerberghe et Ouvrard pendant l'exécution de leur service
(notamment de 2,600,000 francs d'intérêt jusqu'au 22 Mars 1823)
mais le Comité de révision, et le ministre des finances fit étaient refusé
en 1829 à cette juste allocation, M. Vanlerberghe fit un pourvoi
au Conseil d'État contre ce refus ; M. Ouvrard se réunit à ce pourvoi,
puis par intervention, M. Desprez et un grand nombre de créanciers
de vivres en porteurs de billets de service ; Les avocats plaidans Devant
le Conseil d'État furent Mrs Scribe, Moreau et Dallos :
de nombreux Documents justificatifs de la demande furent produits,
et des mémoires imprimés et Distribués. Cependant une ordonnance
royale du 10 Juillet 1833 rejeta toute allocation Ministérielle et notamment
celle de 2,600,000 francs.

De très anciennes réclamations relativement au service Vivres
de la guerre, Régie Bénédetter, en l'An VIII et IX, étaient
restées sans solution, M. Vanlerberghe fils fit établir les États et Des
mémoires imprimés justificatifs de ces réclamations S'élevant
à F^ca 3,492,976. 23, ci 3,492,976. 23

Savoir:

1° Pertes, Effets reçus du Gouvernement au lieu D'espèces 683,983.74
2° Denrées, avariées, vendues ———————— 10,668.57
3° Retenue de 2 p% sur toutes les Dépenses —— 327,950.48
4° Reliquat des comptes Des 6 premiers mois an IX — 61,026.10

En principal ——— 1,083,628.89

5° Intérêts Dûs par le Gouvernement suivant
marché du 4 Germinal an VIII ———— 2,409,347.34

Somme égale ——— F^ca 3,492,976. 23

M. Scribe, avocat a soutenu le pourvoi devant ————
le Conseil D'État qui a rejeté Définitivement ———— 2,431,950. 13
et a, par une ordonnance royale Du 25 Octobre 1826, seulement
sursis à prononcer sur l'article 4 de ——— F^ca 61,026. 10
jusqu'à ce que ces excédans pour l'an IX et l'excédant
de recettes sur l'An VIII annoncé par le Ministre De la
guerre aient été régulièrement et contradictoirement établis.

Ainsi, M. Vanlerberghe n'a aucune recette non plus à imputer
De cet article en suspens, sur les Dépenses ou avances, non plus que Du chef
de f. 17,971.49 consigné.

Le Compte bénéficiaire de 1824 a déjà justifié du rejet de f. 13,270,590.41
Savoir : 7,409,102.17 en capital } Dûs par le Département De la Marine à feu M^r
et 5,861,497.44 en intérêt }
Vanlerberghe père, rejets prononcés par les Ordonnances royales des 29 octobre 1821 et 4 décembre 1823

Récapitulant les allocations obtenues et les rejets ci-dessus, [???]
seulement par approximation, on trouve :

	Allocation	(Rejets)

Allocation.

f[rs] 81,977.46 Consignés par le Préfet le 29 décembre 1825 et employés.

825,136.44 Idem Vivres de la guerre 26 Juillet 1826 non employés — 18 novembre 1831

17,971.49 non employés Fournir pour vivres de Serre consignés en Janvier 1832 suivant lettre du Ministre de la guerre à Mr Vanlerberghe, du 26 mai 1834.

925,085.39 plus les intérêts dûs par la Caisse des consignations sur les 825,136.44

(Rejets).

Ord[onnances] roy[ales] des 31 octobre 1821, 4 décembre 1823 — 13,270,000. " Vivres [na...]

[Ord]. roy[ale] du 4 Novembre 1824, environ — 1,000,000. " [Convilles]

[Ord]. roy[ale] du 25 Octobre 1826 — 2,430,000. " Guerre [...] allié / [Bons K...] / [...]

Ord[onnance] roy[ale] du 8 février 1831 — 1,800,000. " Do 6 déc[embre]

Do roy[ale] du 10 Juillet 1833 — 2,600,000. " Do Juill[et]

Ord[onnance] roy[ale] du 7 avril 1839 — 1,420,000. " Do capital

Environ — f[rs] 22,520,000. "

On peut ajouter environ 2 millions à cette somme des rejets, et l'élever
à environ 24 millions 500 mille francs, parce que les 2 millions 600,000 francs
de l'ordonnance royale du 10 Juillet 1833, n'étaient que le calcul de la moitié
environ des intérêts dûs ce que le principe du rejet est absolu sur le tout.

Créance ou prétention de Mr Desprez, ancien banquier.

Un Jugement du 16 Août 1827, du Tribunal civil 3ème chambre, confirmé
par arrêt de la Cour royale du 10 Décembre 1828, avait renvoyé M. Desprez, à compter
devant le Tribunal de commerce avec M. Vanlerberghe, héritier bénéficiaire de
M. Ouvrard, en présence des Commissaires des Créanciers ou ceux-ci dûment
appelés par M. Desprez.

M. Desprez n'appela pas les Commissaires des Créanciers de M[rs]
Vanlerberghe et Ouvrard. En conséquence, demande en nullité rejetée par le
Tribunal de commerce, jugeant par défaut d'allocation d'une provision de 3,000,000
à M. Desprez sur sa prétendue créance non encore définitivement fixée même
à présent. Débouté d'opposition, appel et enfin arrêts de la Cour royale des
25 Février, 2ème chambre, et 12 Juin 1834, 1ère Chambre; le premier rejetant
la nullité et confirmatif d'un jugement du Tribunal de commerce du 26
Juin 1833, le 2e en confirmatif d'un Jugement du même Tribunal du 3
Juillet 1833 (par défaut au fond), de débouté d'opposition sur la
provision de 3 millions.

Cependant c'était la Deuxième chambre de la Cour qui déjà avait
ordonné la mise en cause des Commissaires et prononcé une autre fois la
nullité faute de remise en cause des Commissaires.

Et quand aux Débats devant la 1ère Chambre de la Cour sur
l'appel contre la provision de Trois millions, Me Delangle fut interrompu
et empêché

empêché de démontrer que la base provisoire de 5,548,000 sur laquelle les arbitres s'étaient, hors la présence de MM. Vanlerberghe et Ouvrard et des Commissaires des Créanciers, posé pour proposer la provision de trois millions, était tout à fait mal fondée, puisque d'une part ces 5 millions 548,000 f. comprenaient 3 millions de billets de service et que de plus il y avait 2,152,220 de frais portés mal à propos au compte de MM. Vanlerberghe et Ouvrard par le S. Desprez, frais relatifs à un service appartenant au S. Desprez seul, commencé après la cessation du leur et auquel service MM. Vanlerberghe et Ouvrard ont été absolument étrangers.

Si la Cour eut entendu ces démonstrations que Me Delangle allait faire, cette provision de 3 millions, accordée par défaut, sans la présence et les dires des contradicteurs intéressés, n'eut certainement pas été confirmée. Les Commissaires des Créanciers Vanlerberghe et Ouvrard étaient appelants et deux d'entre eux présents aux plaidoiries devant la Cour Royale.

Me Desprez a conçu l'idée de demander devant le Tribunal de commerce, l'autorisation de vendre 17 millions de francs environ de traites Espagnoles qui étaient déposées au Trésor, dont elles ne devaient et ne doivent sortir que pour être rendues au Gouvernement Espagnol, auquel Gouvernement seul elles appartiennent depuis 1808, et non à MM. Vanlerberghe et Ouvrard, lesquelles traites sont annulées et doivent être restituées au Gouvernement Espagnol en vertu des traités diplomatiques de mai 1808 qui obligent même le Gouvernement français à cette restitution à l'Espagne.

Le Tribunal civil se trouvant saisi, sous la réserve de tout recours devant la justice administrative, bien avant le Tribunal de Commerce, de la question de propriété de ces valeurs, le renvoi au Tribunal civil sera demandé et doit être ainsi obtenu.

Créances du Trésor public, et Divers créanciers de Vivres et autres

La créance du Trésor de f. 19 millions environ en principal, remontant aux années IV et V de la République du chef des comptes Godard et Wouters dont feu Mr Vanlerberghe père était membre et associé solidaire, et ce qu'elle était en 1824 seulement, on a vu plus haut, les jugements, arrêts, pourvoi et appel, relatifs aux radiations définitifs ou provisoires, des inscriptions hypothécaires du Trésor obtenues par les héritiers Séguin.

Le Trésor public soutient que le concordat Vanlerberghe ne peut lui être opposé dans aucun cas vu sa position exceptionnelle et l'importance de sa créance de 19 millions.

Le Débat sons ouvert à la 2ème chambre civile de 1re instance sur l'ordre pour la distribution du prix des immeubles de la succession de feu Mr Vanlerberghe père, entre la veuve et héritiers Séguin, le Trésor, chacun pour leurs créances d'usufruncées. Mme Veuve Vanlerberghe pour ses reprises, Mr Vanlerberghe fils, héritier bénéficiaire, pour le remboursement de la partie de ses avances et frais autorisés et justifiés, à imputer sur les fonds immobiliers

Me. Merger, avoué d'appel, Demande de fr. 4 à 5,000. comme lui étant dû. Me. Gion, avoué de l'instance, Demande 8,105.55, suivant exploit du 27 Février 1836, sur laquelle Demande est intervenu un Jugement De renvoi Devant la chambre des avoués, rendu le 24 Juillet 1838, par la 8me. Chambre civile.

Comme les prétentions De la Veuve et héritiers Séguin sur les fonds provenant De Service Vivres ont empêché toute répartition aux Créanciers Des Vivres, rien n'est changé à l'égard de ceux-ci.

M. Vanlerberghe, toujours en sa qualité D'héritier bénéficiaire Du feu sieur Vanlerberghe, son père, fait réserve De produire ultérieurement en temps et lieu l'état justifié par pièces et quittances, De la partie de Ses avances en sa Dite qualité, imputable pour Son remboursement Sur les fr. 825,136. 44 produit de vivres de terre et consigné et sur les intérêts et arrérages de cette Somme Dus par la Caisse de consignation, ainsi que sur les fr. 17,971. 49 consigné au nom de Frenais, pour les affaires Vanlerberghe (Marine) pour troupes De terre.

La présente Suite au compte produit en janvier 1824, et sauf Suite ultérieure, —faite à Paris, le Treize avril 1839 et que je continue).

Signé: Vanlerberghe
héritier - bénéficiaire defeu
Ignace Joseph Vanlerberghe
mon père).